당신과 나 사이

KB191400

너무 멀어서 외롭지 않고 너무 가까워서 상처 입지 않는 거리를 찾는 법

당신과 나 사이

김혜남(정신분석 전문의) 지음

내가 했던 실수들을 당신이 반복하지 않기를 바라며

　인간관계에서 나타나는 이상한 일 중 하나는 사람들이 가까운 이보다 오히려 낯선 이에게 더 친절하다는 사실이다. 아버지와는 대화를 나눈 지 너무나 오래된 딸이 길을 헤매는 여행객을 보면 먼저 다가가 길을 알려 준다. 친한 친구와 연락한 지 오래되었다고 한탄하는 박 대리는 같은 회사 팀원들과 일주일에도 두세 번씩 술자리를 한다. 서글서글하고 친절해 회사에서 '스마일맨'으로 통하는 최 과장은 집에만 들어가면 입을 봉한 듯 말이 없어진다.

　낯선 이를 만나면 호의를 보이며 그의 말에 귀 기울이던 사람들이 가까운 이에게는 그러지 않는다. 오히려 그 사람이 가만히 있는 자신에게 먼저 다가와 "힘들지?"라고 위로해 주기를 바란다. 말하지 않아도 상대방이 자신을 이해해 주고, 있는 그대로 자신을 받아들여 주기를 기대하는 것이다. 하지만 상대방도 힘든 것은 마찬가지다. 그러다 보니 사람들은 마치 각자의 섬에 고립된 듯이 살아간다. 그러고는 자신을 외롭게 만드는 누군가를 미워하고 원망한다. 길거리에서 만난 친절한 이가 알고 보면 남편을 원망하는 아내고, 아버지를 본체만체하는 아들이며, 사랑하는 이와 크게 싸워 마음을 다친 사람이고, 친구들과 연락한 지 반 년이 넘은 무심한 사람일 수도 있는 것이다.

왜 우리는 낯선 사람에게는 친절하면서도 정작 가까운 사람들과는 잘 지내지 못하는 걸까? 왜 우리는 각자의 섬에서 외롭다고 말하는 걸까? 무엇이 당신과 나 사이를 이렇게 아프게 만들고 있는 걸까?

나 또한 60여 년의 세월을 살아오면서 무수히 많은 사람을 만났다. 생각해 보면 나는 태어날 때 아무것도 아니었다. 하지만 나는 아버지와 어머니의 사랑을 받으며 자랐고, 친구들을 만나 성장했으며, 사회생활을 하면서 만난 무수히 많은 이들로부터 세상을 배우면서 지금의 내가 되었다. 때론 그 과정에서 상처받기도 했고 상처 주기도 했다. 때론 억울했고, 때론 누군가가 미웠고, 때론 화가 났으며, 때론 너무 슬퍼 눈물이 났고, 때론 마음을 다쳐 아무것도 할 수 없을 때도 있었다.

그런데 마흔 살까지만 해도 그 모든 과정들을 겪어 낸 내가 자랑스러운 나머지, 내가 잘했기 때문에 지금의 내가 되었다고 자만했다. 까짓것 세상 사람들의 도움 없이도 홀로 설 수 있다고 생각한 것이다. 그들이 나를 필요로 할지 몰라도, 나는 그들이 별로 필요 없다고 생각했다. 그리고 고백하건대, 내가 없으면 세상이 돌아가지 않을 것이라는 착각도 했다. 나 없이는 집이고 병원이고 환자들이고, 다 잘 지내지 못할 것이라고 자신한 것이다.

물론 가족과 친구들이 내 곁에 있어 줘서 고맙다는 생각을 하곤 했다. 하지만 그것도 잠시 뿐, 하루하루 살기 바쁜 나는 그들에게 고맙다는 말을 제대로 전한 적이 없었다. 보다 정확하게 말하자면 피상적으로만 고마움을 느꼈을 뿐, 그들이 내 곁에 있는 것을 아주 당연하게 생각했다. 어느 날엔가는 "엄마, 환자들 얘기만 들어 주지 말고 내 얘기도 들어 주면 안 돼?"라는 딸에게 "지금 엄마가 바빠서 그러는데 다음에 얘기하면 안 될까?"라며 짜증을 낸 적도 있었다. 뿐만 아니라 집안일과 육아를 은근슬쩍 나한테 미루는 남편을 미워했고, 일하랴 살림하랴 바쁜 나에게 자기 아들 챙기지 않는다고 불평을 늘어놓는 시어머니를 원망했으며, 내가 바쁜 걸 뻔히 알면서도 자기 필요할 때만 찾아와 도와 달라고 말하는 동료들을 얄밉다고 생각했다. 당시에는 모든 인간관계가 그저 힘들고 피곤하게만 느껴질 뿐이었다.

그런데 2001년 몸이 점점 굳어 가는 파킨슨병 진단을 받고, 결국 2014년 병세가 악화되어 병원 문을 닫게 되자 나를 찾아오거나 연락하는 사람들이 줄어들기 시작했다. 처음엔 너무 아파서 그 사실조차 미처 깨닫지 못했다. 하지만 고통이 잦아들고 정신을 차리고 보니 그렇게나 많던 지인들이 다 어디로 갔는지 주변은 고요하고 적막했다. 게다가 세상은 나 없이도 멀쩡하게 잘 돌아갔다. 그제야 나는 늘 내 곁을 지켜주는 사람들을 다시 보게 되었다. 손을 마주 잡고 따뜻한 체온을 느끼면서 인사를 나누고, 서로의 눈을 보면서 그동안의 안부를 묻고, 이런저런 얘기를 나누며 서로의 생각을 알게 되는 그 시간이 얼마나 소중했는지를 뒤늦게 깨달은 것이다.

그러자 과거에 내가 건성으로 대했거나 의례적으로 대했던 사람들에 대한 미안함이 물밀 듯이 밀려왔다. 그중에는 스쳐 지나갈 인연들도 있었지만 붙잡았어야 할 소중한 인연들도 있었는데 바쁘다는 이유로 나는 그것을 놓치고 말았다.

30여 년 동안 정신분석 전문의로 활동하며 만난 수천 명의 환자들. 그들은 모두 마음이 아파 나를 찾아왔는데, 놀랍게도 그들을 가장 아프게 만든 사람들은 바로 제일 가까운 사람들이었다. 그들은 있는 그대로의 모습으로 사랑받고 싶었지만, 가까운 사람들은 그 소원을 들어주지 않았다. 그로 인해 깊은 상처를 입은 그들에게 가장 어려운 일은 누군가와 가까워지는 것이다. 혹시라도 상대방이 자신의 못나고 열등한 모습을 발견하고 자신을 싫어하게 되거나 떠나 버릴까 봐 두렵기 때문이다. 지난날의 상처가 너무 아팠던 그들은 더 이상 상처받지 않기 위해 적당히 자신을 감춘 채 살아가기를 택한다. 그래서 누군가가 자신을 사랑해 주기를 바라지만 막상 상대방이 다가오면 두려워하면서 도망가기를 반복한다. 아니면 뭔가를 아주 특별하게 잘해야만 사랑받을 수 있다고 생각하며 완벽해지려고 애쓰다가 어느 순간 지쳐 버린다. 더 이상 노력해 봐야 소용없다고 생각하는 그들에게 찾아오는 것은 깊은 우울뿐이다. 하루하루 사는 게 의미 없고, 그저 힘들다고 느끼는 그들은 끝내 내 앞에서 울음을 터뜨렸다.

하지만 안타깝게도 상처 입기를 두려워하는 한, 그들은 상처에서 끝내 벗어날 수 없다. 누군가와 가까워지기 위해서는 남들에겐 꽁꽁 감춰 왔던 못나고 약한 모습을 그에게 보여도 괜찮을 거라는 확신이 필요하다. 즉 상처 입기를 각오해야만 그토록 원하던 사랑을 얻을 수 있는 것이다. 하지만 아무리 상처 입기를 각오했더라도 막상 가까워지는 것은 생각보다 더 어려운 일이다. 상대방이 내가 원하는 것을 들어주지 않으면 속상하고, 상대방이 내가 하지 말라고 하는 것을 굳이 고집하면 화가 나기 때문이다. 한없이 내 편이라고 생각했던 상대방이 자기 고집을 부리면 그가 낯설게 느껴지고 그만큼 멀게 느껴지는 것이 인지상정이다.

안 그래도 세상이 내 맘대로 안 돼서 화가 나는데, 내 곁에 있는 사람마저 내 맘 같지 않으면 우울할 수밖에 없다. 어차피 인생은 혼자 사는 거라고 애써 스스로 위로해 봐야 끓어오르는 화를 어쩌지 못해 울화통이 터진다. 그러면 내 마음을 몰라주는 상대방이 미워지고 자연히 그를 원망할 수밖에 없게 된다. 더욱이 얼굴을 안 볼 수 있으면 좋으련만, 싫어도 어쩔 수 없이 얼굴을 봐야 하는 사이에서 문제가 생기면 다른 인간관계에도 안 좋은 영향을 미친다. 나아질 기미가 보이지 않는 관계를 하루하루 버티는 것만큼 지옥 같은 일도 없기 때문이다. 관계의 지옥에서 빠져나가려면 어떻게 해야 할까? 역시 그 관계를 끊어 버리는 것 외에는 답이 없는 걸까?

부끄럽지만 나 또한 관계를 끊어 버리는 것이 최선이라고 생각한 적이 있었다. 아니, 지옥 같은 관계로부터 도피하고 싶었다. 하지만 도망가는 대신 나는 내 관점을 바꾸는 방법을 택했다. 혹시 내가 상대방에게 너무 큰 기대를 하는 건 아닌지, 애초에 내가 포기하거나 버려야 할 것은 없었는지를 자문해 보게 된 것이다. 그 과정에서 나는 일과 사회생활을 잘하기 위해 사람들과 잘 지내려고 애쓰면서도, 정작 소중한 관계를 지키는 데는 소홀했다는 사실을 깨달았다. 중요하지 않은 사람들에게 잘하려고 노력하면서, 내 인생에 가장 중요한 사람들에게는 그렇게 하지 못했던 것이다.

그러므로 이 책은 모든 사람과 잘 지내고 싶은 사람들에게는 별 도움이 되지 않을 것이다. 나는 이제 내 인생에 중요하지 않은 사람들에게 더 이상 소중한 시간과 노력을 할애할 생각이 없다. 내가 사랑하는 사람들과 더 깊은 관계를 맺는 데만 열중해도 모자라기 때문이다.

그런데 재미있는 것은 소중한 사람들과의 관계를 회복하고 그 관계를 돈독하게 만들기 위해 애쓰는 동안, 오히려 다른 사람들과의 관계도 편안해졌다는 사실이다. 예전에는 사람들을 만나는 게 피곤하고 일처럼 느껴졌는데, 요즘은 나를 찾아 주는 모든 사람이 고맙고 반갑다. 그래서 사람들과 만나는 일이 무척이나 즐겁다.

작년에 고등학교 친구들과 제주도 여행을 간 적이 있었다. 약을 먹었는데도 갑자기 몸이 굳어 버려서 음식 차리는 것도 못 도와주고, 설거지도 못하고, 숟가락질도 잘 못해서 친구가 떠먹여 주는 음식을 받아먹어야 했다. 무용지물이 되어 버린 것 같은 내가 너무 싫었다. 그런데 내 표정이 안 좋은 것을 눈치챈 한 친구가 그렇게 말해 주었다. "혜남아, 너는 그냥 그렇게 있어 주기만 해도 좋아." 아무 쓸모없는 나도 괜찮다고 말해 주는 친구들 앞에서 나는 엉엉 울고 말았다. 그동안 시시때때로 찾아오는 고통을 홀로 견디며 억눌렀던 감정들이 폭발한 것이다. 한참을 울고 나니 속이 시원했다. 아무것도 나아진 것은 없지만 정말로 마음이 편안해졌고 그 어떤 고통이 와도 참아 낼 수 있을 것 같은 용기도 얻었다. 그런 친구들이 내 옆에 있는데 못할 게 뭐가 있겠는가.

나는 당신 곁에도 그런 힘을 주는 사람들이 있기를 바란다. 아니, 적어도 내가 마흔 살이 되도록 저질렀던 실수를 당신이 반복하지 않았으면 좋겠다. 마지막으로 서로 기대어 살 수밖에 없는 게 인생이라면 누군가에게 어깨를 내주는 법과 함께 잘 기대는 법을 배워서 당신이 더 이상 외롭지 않으면 좋겠다.

2018년 1월
김혜남

Contents

Chapter 5

친구와 나 사이에 필요한 거리 : 46cm~1.2m

Chapter 1.

사람 사이에 거리가 필요한 이유

혼자가 편하다는 사람들의 심리

"선생님, 저는 혼자 있는 게 더 편해요."

"왜요?"

그러자 그녀는 너무 뻔한 질문이라는 듯 대답했다.

"사람들을 만나면 피곤하니까요. 그리고 꼭 만나야 할 이유가 있나요?"

그녀의 말에 따르자면 회사 일도 바쁘고, 친구들을 만나려면 따로 시간을 내야 하는데 다들 바빠서 날짜를 맞추기가 어렵고, 영화 취향도 달라서 같이 볼 영화를 고르는 것도 일이고, 기껏 만나 봐야 다 자기 얘기 하느라 바쁘다는 것이다. 게다가 친구들을 만나고 집에 들어가면 별로 한 일도 없는데 피곤해서 다음 날 컨디션이 엉망이 된다고 했다. 그럴 바엔 영화를 보고 싶은 날, 혼자 영화를 보고 집에 돌아와 쉬는 게 훨씬 스트레스가 적단다.

일리 있는 말이다. 노력 대비 효율성으로 치자면 사람을 만나 관계를 쌓는 것만큼 비효율적인 일도 없을 것이다. 왜냐하면 관계를 쌓으려면 절대적인 시간과 노력이 필요하다. 그런데 내가 아무리 마음을 열고 다른 사람에게 다가가려 해도 그것을 상대방이 어떻게 받아들일지 알 수가 없다. 내가 아무리 노력해도 상대방이 나를 좋아하지 않을 수도 있다. 만약 상대방이 다행히 나를 좋아해 준다고 치자. 그 마음이 언제 변할지는 아무도 모른다.

그럼에도 언젠가는 상대방도 나의 마음을 알아주리라 기대하며 시간과 노력과 돈을 들였다고 해 보자. 그 결과가 나올 때까지 기다릴 여유가 없다. 사람들은 이제 예전처럼 한 마을에 모두가 모여 사는 게 아니라 뿔뿔이 흩어져 살아간다. 지금 내 옆에 있는 사람이 언제 이사를 갈지, 언제 학교를 옮길지, 언제 직장을 옮길지, 언제 학원이나 모임을 그만둘지 모른다. 평생 같은 공간에 머무르는 사람이라면 손해를 봐도 보상이 돌아올 때까지 참고 견디겠지만 언제 어떻게 헤어질지 모르는 상황에서 누가 손해를 보려고 하겠는가. 게다가 사람들은 각박한 무한 경쟁에서 살아남기 위해 애쓰느라 너무 바쁘다. 그러다 보니 노력 대비 효율성을 따질 수밖에 없게 된다. 그래서 회사에서 후배들을 예뻐하며 하나라도 더 가르쳐 주려는 사람에게 상사들은 "후배한테 잘해 봐야 아무 소용없어"라고 말한단다. 가르쳐 놓으면 고마워하기는커녕 다 자기들이 잘난 줄 알고 금방 다른 회사로 옮겨가기 때문이란다. 그런 면에서 보자면 혼자가 더 편하다고 말하는 그녀는 아무 문제가 없는 건데 왜 정신과 의사인 나를 찾아온 걸까?

그녀가 나를 찾아온 진짜 이유

요즘 '랜선이모', '랜선집사'가 유행이라고 한다. 랜선이모는 인터넷 네트워크를 연결하는 케이블인 랜선과 이모가 합쳐져 만들어진 말이다. SNS나 유튜브, 블로그 등에 공개된 남의 집 아이를 보면서 내 조카인 듯 아끼는 사람들을 가리킨다. 랜선이모들은 실제로는 본 적이 없지만 텔레비전이나 SNS를 통해 알게 된 귀여운 아이의 일상을 온라인상에서 지속적으로 챙겨 보며 팬처럼 열렬한 지지와 사랑을 쏟아붓는다. 가상의 이모 역할을 자처하는 것이다.

이모가 현실의 조카를 만나려면 시간과 에너지가 들 뿐만 아니라 때론 돈도 써야 한다. 그런데 랜선이모는 아이를 돌볼 책임이 없다. 아무런 희생을 할 필요가 없는 것이다. 그저 자신이 원하는 때 온라인에 접속해 아이의 예쁜 모습을 보고 마음 껏 귀여워하면서 즐거움과 마음의 위안을 얻기만 하면 된다. 그 아이가 더 이상 사랑스럽지 않으면 바로 다른 아이를 찾아 간다.

한편 랜선집사는 자신은 고양이를 키우지는 않지만 다른 사람이 키우는 고양이 사진과 동영상 등을 보면서 귀여워하는 네티즌을 가리키는데, 고양이 키우는 사람을 '집사'라고 부르는 데서 파생된 말이다. 현실에서 반려동물을 기르는 것은 보통 어려운 일이 아닌데 랜선집사는 이를 걱정할 필요가 없다. 이들은 그냥 2~3분짜리 귀여운 고양이 동영상을 보면서 기뻐하고 마음의 위안을 얻을 뿐이다. 랜선이모와 마찬가지로 내가 필요할 때 보고 싶은 부분만 골라서 보면 되고 필요가 없으면 안 보면 그만이다.

재미있는 건, 랜선이모나 랜선집사 모두 외로움을 해결하기 위해 가상의 관계나마 어쨌든 관계를 맺는다는 점이다. 관계를 통해 얻는 심리적 위안과 즐거움을 포기하고 싶지는 않은 것이다. 그것이야말로 하루 종일 피곤했던 몸과 마음을 달래는 가장 좋은 방법임을 이미 터득했기 때문이다. 그들은 관계의 중요성은 인정하지만 사람들을 직접 만나는 것은 노력 대비 효율성이 너무 낮다고 판단했을 따름이다.

그런데 나를 찾아온 그녀는 관계의 중요성도 인정하지 않았다. 그러면서 살아가는 데 필요한 것들은 이미 알아서 잘 충족시키고 있으므로 굳이 인간관계에 목숨 걸 필요가 없다고 항변했다. 그러다 뭐가 마음에 안 들었는지 뾰족하게 물었다.

"선생님은 배신 같은 거 당해 보신 적 없으시죠?"

사람들은 보통 정신과 의사는 마음을 잘 읽기 때문에 누구에게도 속지 않을 거라고 생각한다. 그러나 제아무리 똑똑한 정신과 의사라도 작정하고 속이는 사람들은 당해 낼 재간이 없다. 게다가 환자들을 볼 때는 의사로서 최선을 다하지만 밖에 나가면 나 또한 평범한 인간일 뿐이다. 힘들면 누군가에게 기대고 싶고, 투정도 부리고 싶은 한 인간 말이다. 그래서 나역시 배신을 당할 때도 있었다. 친구가 꼭 갚겠다며 빌려 간 돈을 안 갚기도 했고, 방금 곁에서 웃던 동료가 나에 대한 말도 안 되는 소문을 퍼뜨려 나를 곤경에 빠뜨리기도 했다. 그럼에도 나는 내 얘기를 꺼내지 않고 묵묵히 그녀의 말에 귀를 기울였다. 그녀가 진짜 하고 싶은 말을 하려는 참이었으니까.

알고 보니 그녀는 두 달 전 3년 동안 사귄 남자에게서 헤어지자는 통보를 받았다. 그는 그녀에게 말했다. "내가 너한테 의미가 있긴 하냐? 너는 늘 나보다 일이 먼저잖아. 그러니까 너는 내가 없어도 잘살 거야. 그렇지?" 충격을 받은 그녀는 아무 말도 하지 못했다. 지금껏 그녀는 자신이 약하고 의존적인 모습을 보이면 남자 친구가 좋아하지 않을 거라고 생각했다.

그래서 아무리 힘든 일이 있어도 그의 앞에서는 웃으려고 노력했다. 썩 내키지 않는 음식이라도 그가 먹고 싶다고 하면 같이 먹으러 갔고, 야구를 좋아하지 않지만 그가 좋다니까 따라나섰던 적도 많았다. 그런데 투정을 부리지 않았다고, 힘들다는 내색을 안 했다고 헤어지자니, 어떻게 그 사실을 받아들일 수가 있겠는가. 오히려 그녀는 자기가 더 많이 사랑하니까 그에게 맞춰야 한다고 생각하며 늘 그의 눈치를 봤을 뿐이다. 하지만 그녀는 남자 친구에게 무너지는 모습을 보이기 싫어서 "그래, 헤어지자"라며 '쿨'하게 그를 보냈다.

그녀는 어릴 적부터 어리광을 부리거나 울어 본 적이 없다. 그녀의 엄마는 원하지 않는 때에 아이를 가져 일을 그만두어야 했고, 덕분에 그녀는 "너만 태어나지 않았어도"라는 원망을 내내 듣고 살았다. 그녀는 자신이 엄마의 인생을 망친 주범이기에 힘들다고 말하거나 울 자격이 없다고 생각했다. 그녀는 다섯 살 때 마트에서 엄마에게 곰 인형 하나만 사 달라고 떼를 썼는데 엄마가 등을 돌리고 가 버렸던 순간을 아직도 생생히 기억하고 있다. 그녀는 결국 화를 내며 이렇게 말했다. "제가 태어나고 싶어서 태어난 게 아니잖아요. 그리고 제가 얼마나 노력했는데요. 여기서 더 뭘 하라고요? 저도 지친다고요."

그래서 그녀는 더 이상 상처받지 않기로 결심하고 마음의 문을 닫아 버렸다. "사람들이 다 그렇지 뭐"라며 적당히 선을 긋고, 혼자가 더 편하다고 말하면서 말이다. 내가 안타까웠던 건 그녀가 지금 전혀 편해 보이지 않는다는 점이었다. 그녀는 자신만의 벽을 만들어 놓고 그 안으로 누군가 침범해 들어오면 큰일이라도 날 것처럼 온 신경을 곤두세우고 있었다. '사람들이 나를 어떻게 바라볼까', '혹시 나쁜 얘기를 하는 건 아닐까', '그 친구도 나를 배신하는 건 아닐까' 하고 의심하면서 벽을 계속 쳐다보고 있는 것이다. 다른 사람에 대한 관심을 끄고자 벽을 세웠는데 결국 그 벽에 신경 쓰느라 아무 일도 못 하는 꼴이었다.

우리 집은 아버지와 어머니 밑으로 다섯 명의 자식들이 줄줄이 있다 보니 하루라도 조용한 날이 없었다. 복작복작 늘 사람이 많은 데서 자라서일까. 나는 언젠가부터 혼자 조용히 있는 삶을 꿈꾸었다. 그렇지만 정작 현실에서는 혼자 커피를 마시는 시간조차 사치일 때가 많았다. 그러다 보니 짧게나마 혼자 있을 수 있다면 그 시간을 오롯이 즐기려고 애썼다. 다른 사람들이 나를 어떻게 쳐다보든 그게 무슨 상관인가.

그런데 그녀는 혼자가 더 편하다고 줄곧 말하면서도 실제로는 혼자 있는 시간을 결코 즐기지 못했다. 다른 사람들이 자신에 대해 어떤 말을 할지 몰라 늘 긴장하고 있는데 어떻게 혼자 있는 시간을 즐길 수 있겠는가. 내가 혼자 있는 시간을 즐길 수 있었던 이유는 언제든 마음만 먹으면 사람들과 연결될 수 있고, 그들이 내 연락을 반가워해 줄 것이라는 믿음이 있어서였다. 하지만 그녀에게는 그런 믿음이 없었다. 결국 그녀는 상처받지 않기 위해 사람들과 멀어짐으로써 위험을 피하고 안전해졌을지는 몰라도 편안한 마음을 가질 수는 없었다. 그녀는 사람들과 있을 때도, 혼자 있을 때도 그저 외롭고 쓸쓸할 뿐이었다. "최악의 고독이란 지금의 나 자신과 불편한 상태로 지내는 나날이다." 소설가 마크 트웨인의 표현을 빌자면 그녀는 위험하지 않은 대신 최악의 고독을 맛보고 있는 중이었다.

어차피 상처 없는 삶은 없다

"가장 행복했던 순간은 언제인가요?"

한참 고민하던 그녀는 할머니를 떠올렸다. 어릴 적 시골에 사는 할머니 댁에 놀러 가면 할머니가 "아이고, 내 새끼 왔구나" 하면서 자신을 반겨 주었다고 한다. 그러면 그녀는 쪼르르 달려가 할머니에게 안겼고 "아이고 예뻐라" 하며 할머니는 그녀의 얼굴 곳곳에 뽀뽀해 주었단다. 가장 행복했던 순간을 떠올리는 것만으로도 그녀의 얼굴은 편안하고 행복해 보였다. 다른 사람들도 마찬가지다. 행복했던 순간을 떠올려 보라고 하면 열에 아홉은 소중한 누군가와 함께했던 추억을 떠올린다. 반면 혼자 있는 장면을 떠올리는 사람은 거의 없다. 행복은 결국 관계를 맺고 가꾸어 가는 과정에 있음을 말해 주는 방증이라 볼 수 있다.

하지만 관계를 맺고 가꾸는 게 결코 쉬운 일이 아니다. 그녀처럼 상처가 많은 사람일수록 누군가에게 마음을 여는 것을 매우 두려워한다. 사실 가까워진다는 것은 헤어지는 것만큼이나 어려운 일이다. 가까워지기 위해서는 필연적으로 상대방에게 숨기고 싶은 내면의 모습까지 다 보여 줄 수 있어야 하는데, 그랬다가 또다시 거부당할까 봐 두렵기 때문이다. 그러나 그런 두려움을 이겨 내야만 진정으로 가까워질 수 있다. 달라이 라마는 《행복론》에서 친밀감에 대해 다음과 같이 얘기한다.

"서양에서 매우 가치 있게 여기는 관계가 있습니다. 그것은 두 사람 사이에 깊은 친밀감이 존재하는 관계입니다. 다시 말해 마음 깊은 곳에 있는 느낌과 두려움을 함께 나눌 수 있는 특별한 한 사람을 갖는 것입니다. 사람들은 그런 관계를 갖고 있지 않으면 자신의 삶에서 무언가 빠진 듯한 느낌을 받습니다. … 친밀한 관계는 단지 다른 사람들을 알고 피상적인 대화를 나누는 것이 아니라 나의 깊은 문제와 고통을 함께 나누는 관계를 말하는 것입니다."

우리가 그런 친밀한 관계를 갈망하는 이유는 결국 사랑받고 싶기 때문이다. 혼자가 더 편하다고 말하는 그녀도 실은 사랑받고 싶었다. 그녀가 지금껏 그토록 열심히 살아온 것도 어쩌면 엄마에게 태어나지 말았어야 한다는 비난 대신 태어나 줘서 고맙다는 말을 듣기 위해서였고, 남자 친구에게 "너도 힘들텐데 내 곁에 있어 줘서 고맙고 사랑한다"는 말을 듣고 싶어서였다. 보잘것없고 하찮은 존재가 아니라 사랑받아 마땅한 존재임을 증명하고 싶었던 것이다. 하지만 아무리 노력해도 그 말을 들을 수가 없었던 그녀는 너무 지쳐서 관계를 포기해 버렸다. 그리고 별로 필요 없다는 이유로 자발적으로 관계 맺기를 거부한 것으로 포장하고는, 그 안에 머물면서 자기 자신을 보호하려고 했다. 하지만 상처 입지 않기 위해 가시를 세우다 보면 그나마 가깝던 사람들마저 그녀 곁을 떠나갈 뿐이다.

자신만의 벽을 쌓고 그 안에서 혼자 사는 게 편하고 안전할 수는 있다. 하지만 가슴 한 켠 느껴지는 공허함을 어쩌지 못해 우울해지기 쉽다. 무엇을 해도 재미가 없고 무미건조하게 느껴지는 날들이 반복되는 것이다. 그러므로 그녀가 인정해야 할 것은 상처를 입지 않으려 애쓰는 노력이야말로 아무 소용이 없다는 사실이다. 자신에게 누군가 필요하다는 사실을 인정하고 스스로 벽을 허물어 꽁꽁 닫혀 있던 마음을 열어야 한다. 세상에 상처 없는 관계란 없다. 상처 입을 각오로 용기를 내야만 누군가와 가까워질 수 있고, 그래야만 비로소 원하는 사랑을 얻을 수 있다.

그녀는 왜 결혼하고 나서  더 외롭다고 말하는 걸까?

　그녀는 학창 시절 집에 들어가기를 꺼렸다. 집에 가 봐야 아무도 없고, 늘 혼자 쓸쓸히 불을 켜고 밥을 차려 먹어야 했기 때문이다. 식당을 운영하는 엄마, 아빠는 매일 늦게 집에 들어왔기 때문에 그녀가 피곤해 잠이라도 들어 버리면 얼굴도 못 보고 지나치는 날이 부지기수였다. 외동딸인 그녀는 자매끼리 쇼핑을 가고 영화를 보러 가는 이웃집을 부러워했다. 특히 눈이 퉁퉁 부은 꼬맹이의 손을 잡고서 "누가 감히 우리 막내를 울린 거야? 나와서 덤벼"라며 씩씩거리는 남자아이를 보면서는 '나도 내 편이 있으면 좋겠다'라는 생각을 하기도 했다. 그런 날에는 오히려 엄마, 아빠 앞에서 더 씩씩한 척을 했지만 가슴속 깊이 자리 잡은 외로움까지 어쩔 수는 없었다.

그래서일까. 그녀는 옹기종기 둘러앉아 밥을 먹고 텔레비전을 보며 함께 웃는 가족의 모습을 꿈꾸기 시작했다. 사랑하는 남자를 만나자마자 결혼할 생각부터 했던 이유가 바로 이것이었다. 그런데 하늘의 별도 달도 따다 준다던 남편은 매일 야근하느라 집에 늦게 들어왔다. 계획하면 금방 낳을 수 있을 거라고 생각했던 아이는 3년 넘도록 생기지 않았다. 그러던 중에 기대했던 임신 증상이 결국 상상 임신으로 판명나면서 그녀는 급속도로 우울해져 갔다. 그녀는 결혼하면 더 이상 외롭지 않을 줄 알았다. 하지만 남편은 아빠만큼이나 얼굴 보기 힘들었고, 도란도란 집안에 웃음꽃을 피울 아이는 태어나지 않았다. '이럴 거면 내가 왜 결혼한 걸까?' 후회를 거듭하며 그녀는 점점 웃음을 잃어 갔고 결국 우울증에 걸리고 말았다.

나는 결국 혼자였다

나는 18년째 파킨슨병을 앓고 있다. 몇 년 전에는 밤에 일어나 화장실에 가는 데만 한 시간 넘게 걸린 적이 있었다. 온몸이 얼어붙은 것처럼 뻣뻣하게 굳어 버려서 꼼짝 못 할 때가 있는데 마침 그때가 그런 경우였다. 분명 문은 저 앞에 있고 몇 발자국만 가면 되는데 몸이 내 말을 듣지 않았다. '살려주세요'

라고 외쳐 봤지만 목소리가 잠겨 잘 나오지 않았다. 깊은 밤에 이미 잠들어 버린 가족들을 깨울 방법이 없었다. 이대로 있다가는 옷에 오줌을 쌀 것 같아 안간힘을 다해 뻣뻣한 몸을 움직였다. 한 발짝 나아갔다 멈춰 서기를 수차례 반복하며 겨우 볼일을 봤다.

또 밤에 잠을 자다가 뼈가 배겨서 깨어날 때가 종종 있다. 그럴 땐 몸을 뒤척여야 하는데 그날따라 몸이 말을 듣지 않아 그저 땀을 뻘뻘 흘리며 온몸으로 고통을 견뎌야만 했다. 약을 먹으면 걸을 수는 있지만 대신 몸이 내 의지와 상관없이 제멋대로 움직였고, 약을 먹지 않으면 온몸이 뻣뻣하게 굳어 버렸다. 몸을 움직이려고 애쓰다가 여기저기 긁히고 멍이 들었고, 팔이 부러져 깁스를 하고 턱이 찢어져 꿰매기도 했다. 솔직히 너무 아플 때는 이대로 창문으로 뛰어내려 죽고 싶다는 생각을 하기도 했다.

가족들은 분명 내 옆에 있었지만 아무도 내 고통을 대신해 줄 수는 없었다. 생각해 보라. 당사자가 아닌 이상 누가 20분 넘게 한 발자국도 못 떼는 고통을 안다고 말할 수 있겠는가. 누가 한숨도 못 자고 끙끙 앓으며 새벽이 오기를 기다리는 심정을 다 이해할 수 있겠는가. 가족들이 대신 아파해 주고 싶어도 그것은 마음뿐, 고통은 온전히 내 몫이었다. 내가 얼마나 아픈지는 나밖에 모르는 것이고, 내가 살고 싶다고 소리치지 않으면 아무도 그 아픔을 알아주지 못했다. 그때 나는 비로소 인간이라는 존재가 얼마나 외로운지를 깨달았다. 죽을 것 같은 고통 앞에서 나는 말 그대로 혼자였다.

그런데 남편도 혼자였다

돌이켜 보면 나는 2014년 병세가 악화되어 병원 문을 닫기 전까지 밀려드는 환자 진료와 학회 활동, 인터뷰, 강의 요청 등으로 눈코 뜰 새 없이 바쁘게 살았다. 그때 나는 남편을 미워했다. 남편이나 나나 똑같이 밖에 나가 일하는데 집안일과 육아를 당연히 여자 몫이라고 생각하는 남편을 이해할 수가 없었다. 그래서 참 많이도 싸웠다. 처음에는 남편의 입장을 헤아려 보려고 노력했지만 다툼이 잦아질수록 사이는 나빠져만 갔다. 내 편이 되어 주기는커녕 최선을 다하고 있는 나를 비난하는 남편을 견딜 수가 없었다. 객관적으로 따져 봐도 내가 더 힘든 상황인데 왜 자기가 더 힘들다고 여기는지 이해할 수가 없었다. 함께 있어 봐야 사이가 더 나빠질 것만 같아 이혼을 생각하기도 했다.

그런데 파킨슨병에 걸려 죽을 것 같은 고통을 겪으며 인간은 외로울 수밖에 없는 존재라는 사실을 뼈저리게 경험하자 신기하게도 남편이 다르게 보이기 시작했다. '그래, 저 사람도 참 외로웠겠다.' 가난한 집안에서 태어나 부모와 떨어져 살며 기필코 성공하겠다는 다짐을 어려서부터 했던 남편, 부모의 사랑을 제대로 받지 못해 아버지로서 자식에게 어떤 사랑을 주어야 하는지 잘 몰랐던 남편, 그럼에도 내 병을 고쳐 보겠다고 동분서주했던 남편이 그제야 있는 그대로 보이기 시작했다.

남편도 나랑 사는 게 힘들었을 텐데 왜 나는 그것을 보려고 하지 않았던 걸까? 남편도 분명 애쓰고 있었는데 왜 나는 내가 힘든 것만 크게 보았을까? 나는 남편의 인생에서 가장 중요한 사람이 되고 싶었다. 그래서 그 자신보다 나를 먼저 생각해 주기를, 나를 더 사랑해 주기를 바랐다. 그러다 보니 그가 조금만 섭섭하게 행동해도 크게 실망했다. 나와 다른 독립된 인격체로서 자기 삶의 무게를 고스란히 짊어지고 있는 남편에게 내 짐을 대신 들어 주지 않는다고 화를 냈다. 애초에 내가 과도한 사랑을 요구한 게 문제였는데도, 그 기대를 충족시켜 주지 않는다고 모든 책임을 그에게 뒤집어씌웠던 것이다. 그도 외롭고 서툰 한 인간일 뿐임을 미처 보지 못했던 거였다.

그런데 고통이 오로지 내 몫임을 깨닫고, 인생은 결국 혼자 걸어가는 길임을 깨닫자 그제야 비로소 나와 다른 독립체로서의 남편이 보이기 시작했다. 그러자 병원을 운영하느라 힘들 텐데 그 와중에 하루에 두세 번씩 전화를 걸어 안부를 묻는 남편이 참으로 고맙게 느껴졌다. 가끔씩 나에게 짜증을 낼 때는 서운하지만 그럼에도 내 곁을 떠나지 않고 든든하게 지켜 주는 남편이 있어서 얼마나 다행인지 모른다. 만약 남편이 없었다면 어떻게 이 병을 지금껏 견뎌 냈을까 싶다.

사랑하면 그와 하나가 될 수 있다는 것은 착각에 불과하다

아무리 익숙해지려고 해도 익숙해지지 않는 감정이 바로 외로움이 아닐까. 우리는 외로움을 잘 견디지 못한다. 그도 그럴 것이 우리는 모두 엄마의 뱃속이라는 완벽한 세상에서 탄생하기 때문이다. 보통의 태아는 추위도, 더위도, 배고픔도 모른 채 사랑 속에서 자란다. 그러나 엄마와 떨어져 세상에 나오면서부터는 시련이 시작된다. 배가 고프거나 어디가 불편하면 누가 먼저 알아서 해결해 주지 않으므로 울음이라는 수단을 써서 도움을 요청해야 한다. 그럼에도 엄마와 한 몸이라고 착각하던 아기는 생후 6개월쯤 비로소 엄마와 자신이 각각 분리된 몸이라는 사실을 깨닫고 우울해진다. 바로 이때가 인간이 기본적인 우울 정서를 경험하는 최초의 시기라고 한다. 이 과정을 피해 갈 수 있는 사람은 아무도 없다. 물론 이때 엄마가 아이를 잘 돌봐 주면 아이는 우울의 자리에 희망을 채워 나간다.

자기 혼자 내팽개쳐진 듯한 느낌으로 괴로워하지 않게 되는 것이다.

그럼에도 우리는 엄마와 하나였던 그때를 꿈꾼다. 그래서 외로움이 느껴지면 강박적으로 누군가를 찾아 나선다. 하지만 살다 보면 어쩔 수 없이 혼자 있어야 할 때가 있고, 혼자 감당해야 할 일을 만나기도 한다. 아무리 돈이 많아도, 아무리 바빠도 외로움은 찾아온다. 그럴 때마다 외로움을 억지로 이겨 보겠다고 애쓰는 것은 오히려 좋지 않다. 고통이 찾아오면 그 고통이 잦아들기를 기다리듯, 외로움도 최대한 자연스럽게 받아들이는 것이 필요하다.

사랑하는 사람을 만나 외로움을 달래는 것은 좋은 해결책이 될 수 있다. 하지만 함께한다고 해서 같은 꿈을 꾸고, 같은 생각을 하는 것은 아니다. 똑같은 것을 봐도 다르게 생각할 수 있다. 상대방과 나는 서로 다른 사람이며 결코 하나가 될 수 없다. 그래서 우리가 사랑하면 할수록 발견하게 되는 건 상대방과의 차이이다. 우리는 상대를 있는 그대로 온전히 받아들이는 중에 상대가 나와는 다른 자신만의 세계와 영혼을 가지고 있음을 발견한다. 즉 하나로 합쳐지고자 하는 사람이 결국에는 나와 다른 존재임을 뼛속 깊이 느끼게 되는 것이다. 그러면서 우리는 모두 서로 분리된 외로운 존재일 뿐임을 다시금 깨닫게 된다.

어차피 인간은 누구나 외롭다는 것을 이제는 인정해야만 한다. 결혼을 해도 외롭고, 결혼을 안 해도 외로운 건 마찬가지란 얘기다. 그리고 아무리 사랑해도 그와 내가 하나가 될 수는 없다. 아무리 이해하려고 해도 서로 맞지 않는 부분이 있을 수밖에 없다. 그래서 때에 따라서는 내가 서운하고, 때에 따라서는 네가 서운할 수밖에 없다. 다만 사랑을 하게 되면, 그래서 서로를 이해하려는 노력을 끊임없이 하게 되면 사람은 다시 한 번 성장할 수 있는 기회를 얻는다. 나와 다른 존재임에도 불구하고, 내 모든 것을 받아들이고 사랑해 주는 상대에게 깊은 감사를 느끼면서 사랑이 더욱 깊어지는 것이다. 그래서 어쩌면 톨스토이의 "행복한 결혼 생활은 상대와 얼마나 잘 지낼 수 있느냐가 아니라 얼마나 불일치를 감당할 수 있느냐에 달려 있다"는 말이 정답일지도 모르겠다.

어느 순간 인간관계가 피곤한 이유

　페이스북에서 맺을 수 있는 친구의 수는 최대 5천 명이라고 한다. 5천 명이 넘으면 더 이상 친구 맺기가 불가능하다. 그런데 보통의 사용자들에게 5천 명은 매우 큰 숫자로 여겨지지만, 실제로 친구 5천 명을 꽉 채운 사람들이 페이스북상에서 상당히 많다고 한다.

　SNS는 또 어떤가. 쉴 새 없이 울리는 카카오톡과 네이버 밴드의 단체 대화방 알림은 일을 방해하는 지경이다. 그 알림 가운데 반드시 알아야 할 내용은 손에 꼽을 정도로 적은데 말이다. 그렇지만 우리는 줄지어 나열된 대화방을 쉽게 나오지 못한다.

　그런데 휴대전화 목록에 빼곡히 저장된 수백 개의 이름과 수많은 SNS 친구들 중에 당신이 필요로 할 때 달려와 줄 사람은 과연 얼마나 되는가? 한 설문조사에서 이 질문을 던졌는데, 3~5명이라고 답한 사람이 가장 많았다고 한다. 그러면 나머지 사람들은 우리에게 과연 어떤 존재일까?

"제발 날 좀 내버려 둬"

메신저 친구가 350명이나 된다는 한 사람은 갈수록 인간관계에 회의감이 든다고 했다. 예전에는 늘어나는 친구 숫자를 보며 우쭐한 적도 있었지만 그중 실제로 연락하며 지내는 사람은 채 20명이 안 되기 때문이다. 이런 세태에 대해 뉴욕 대학교 에릭 클리넨버그 교수는 관계의 욕구를 질이 아닌 양으로 채우려는 것은 허망한 시도일 뿐이라고 일갈했다. 그래서일까. 그는 요즘 '관태기'에 시달리고 있다. 관태기란 '관계'와 '권태기'를 합성한 신조어로 새로운 사람과 관계 맺는 것에 권태를 느끼는 현상을 일컫는다. 새로운 관계에 필요성을 느끼지 못할뿐더러 관계 유지에 드는 노력 자체를 거부하는 것이다. 그래서 관태기에 빠진 이들은 사람이 많은 곳이라면 친목 모임이라도 피하고, 차라리 혼자 있기를 선택한다.

그처럼 최근 인간관계의 피로감을 호소하는 사람들이 늘고 있다. 뉴욕 대학교 달튼 콘리 교수는 현대인들이 아침부터 밤까지 엄청난 양의 데이터와 정보, 관계, 노동에 삶의 에너지를 모조리 빼앗기기 때문에 일과 뒤에는 관계를 차단하고 싶어 한다고 했다. 한 남자가 하루 종일 회사에서 상사들의 눈치를 보며 힘들게 일하고 집에 들어왔다고 해 보자. 이미 지친 그는 밥을 먹고 텔레비전을 보면서 쉬고 싶은데 아내는 아까부터 아이 문제로 상의할 게 있다고 앉아 보란다. 아이는 아이대로 아빠가 자신과 놀아 주기를 바란다. 그 와중에 친구에게 전화가 걸려 온다. 왜 대화방 메시지를 확인하지 않느냐며 동기들끼리 오랜만에 뭉치자는 것이다. 그런데 20분 뒤 정작 그가 급히 뛰어간 곳은 한 병원의 장례식장이었다. 회사 팀장이 모친상을 당했다는 연락을 받았기 때문이다.

한국 사회에서 성공하려면 인맥 관리를 잘해야 한다는 말이 있는데, 그렇게 보자면 그의 선택은 어쩔 수 없는 일로 여겨지기도 한다. 그런데 왜 희생해야 하는 건 늘 가까운 관계인 걸까? 일본 소설가 아사이 료는 《누구》라는 소설에서 인맥에 집착하는 사람들에게 이렇게 말한다. "제대로 살아 있는 것에 뛰고 있는 것을 맥(脈)이라고 하는 거야. 너 여러 극단의 뒤풀이 같은 데 가는 모양인데 거기서 알게 된 사람들 지금도 연락하고 있냐? 갑자기 전화해서 갈 수 있어? 그거 정말로 인맥이라고 할 수 있는 거야?"

옥스퍼드 대학교 로빈 던바 교수는 《발칙한 진화론》에서 아무리 친화력이 뛰어난 사람이라도 사회적으로 관계를 맺을 수 있는 최대한의 인원은 150명이라고 밝히며 이를 '던바의 수(Dunbar's number)'라고 명명했다. 이때 150명은 술집에서 우연히 마주쳐 초대받지 않은 술자리에 동석해도 당혹하지 않을 정도의 숫자라는 것이 그의 설명이다.

그는 먼 옛날 원시 부족 마을의 구성원 수가 150명 안팎이라는 사실에 착안해 이 이론을 만들었는데 지금도 호주나 뉴기니, 그린란드에 거주하는 원시 부족의 평균 숫자는 150명 내외라고 한다. 이 법칙에 따르자면 한 사람이 맺을 수 있는 인간관계의 수는 많아야 150명이고 실제로 그 이상의 친구가 있다 하더라도 서로를 잘 모르는 무의미한 관계에 불과하다.

그러므로 이름도 가물가물한 SNS 친구들과 휴대전화 목록에 저장되어 있는 사람들을 보며 인간관계에 회의를 느끼는 사람들은 불필요하고 형식적인 인맥들을 정리할 때 '던바의 수'를 기억할 필요가 있다. 그 이상의 숫자는 별 의미가 없을 확률이 높기 때문이다. 그런데 막상 연락처를 지우려고 하면 미안한 마음이 들어 고민하는 사람들이 있다. 하지만 그것은 잠시일 뿐 지우고 나면 오히려 홀가분한 마음을 느끼게 될 것이다. 죽어도 물건을 못 버리던 사람들이 눈을 질끈 감고 안 쓰는 물건들을 치우고 나서 삶이 심플해졌다고 느끼는 것과 마찬가지다.

인간관계가 피곤한 진짜 이유는 따로 있다

안타깝게도 무한한 수의 인간관계를 맺는 것은 애초에 불가능하다. 우리가 가지고 있는 시간과 에너지는 유한하기 때문이다. 그런데 중요하지도 않은 인간관계에 계속 끌려다니다 보면 소중한 관계들을 소홀히 할 수밖에 없게 된다. 보통 부모들은 아이가 가장 소중하다고 말하지만 10대 자녀와 대화하는 데 쓰는 시간은 매주 고작 16분 미만이다. "너는 내 하나밖에 없는 소중한 친구야"라고 말하는 사람과 연락하는 데 쓰는 시간은 1년에 몇 분이나 되는가. 중요하다고 말하는 관계일수록 그에 쓰는 시간도 비례해야 하는데 그러지 않는 경우가 허다하다. 오히려 우리는 부차적인 관계들에 아주 많은 시간을 할애한다.

만약 인간관계가 일처럼 생각되고 피곤하게만 느껴진다면, 정작 중요한 관계는 내버려 둔 채 불필요하고 형식적인 관계들에 너무 많은 에너지와 시간을 낭비하기 때문인지도 모른다.

그러므로 인간관계를 정리하면서 미안한 마음이 들 때, 중요하다고 생각하는 관계들을 떠올리며 그에 얼마나 더 많은 시간과 에너지를 쓸 것인지부터 결정하라. 중요한 것들에 시간을 더 쓰겠다고 마음먹으면 불필요한 관계를 수월하게 정리할 수 있을 뿐만 아니라, 관계로부터 기쁨과 친밀함을 경험하게 되어 오히려 행복감을 느끼고 에너지를 재충전하게 된다. 이리저리 끌려다니며 소모되는 듯한 느낌이 들지 않는다는 것이다.

그럼에도 모든 인간관계가 귀찮고 관계를 정리하는 일조차 피곤할 때가 있다. 그럴 때는 그 감정을 두려워하지 말고 흘러가게 두어라. 그것은 어쩌면 너무 숨 가쁘게 앞으로만 달려가느라 쉬지 못했다는 사실을 마음이 먼저 알고 보내는 신호일지도 모른다. 그럴 때는 그냥 잘 쉬는 것이 답이다.

제일 가까운 사람들이 가장 큰 상처를 준다

우리는 사랑하는 사람을 만나면 지금까지 그 누구에게도 바라지 않던 기대를 품기 시작한다. 자신이 그에게 특별한 사람이 되기를 원하고 그가 불완전한 자신을 완벽하게 채워 주기를 기대하는 것이다. 하지만 그 기대가 너무 큰 걸까? 어느 순간 기대는 실망으로 돌아오고, 실망한 만큼 상대방을 원망하고 미워한다. 기대가 컸던 사람일수록 상대에게 그 모든 책임을 뒤집어씌우며 화를 내기도 한다. 사랑한다면 그 정도는 해 줘야 당연하다는 듯이 상대방을 몰아붙이는 것이다.

"나한테 어떻게 그럴 수가 있어?"

여기서 숨어 있는 말은 '사랑한다면'이다. 나를 사랑한다면 당연히 약속을 지켜야 하고, 나를 사랑한다면 전화를 해야 하고, 나를 사랑한다면 기념일을 기억해야 한다. 그러니까 화를 내는 사람은 혹시 상대방의 사랑하는 마음이 변한 건 아닌지 의심하고 있는 것이다. 그리고 상대방으로부터 여전히 사랑하고 있다는 말을 듣고 싶은 것이다.

하지만 너무 몰아붙이면 상대방도 참다못해 화를 터트리게 마련이다. 가까운 만큼 서로의 약점을 잘 알기에 사소한 다툼이 큰 싸움으로 번지는 건 시간문제다. 때로는 어떻게든 싸움에서 이기기 위해 상대방의 깊은 상처를 건드리기도 한다. 내가 가장 믿었던 사람이기에 아무한테도 말하지 못했던 부끄럽고 창피한 이야기까지 다 했는데 나중에는 그것이 독이 되어 돌아오는 것이다. 그래서 아이러니하게도 나에게 가장 큰 상처를 주는 것은 나와 가장 가까운 사람들이다. 상대방을 어떻게 하면 아프게 만들 수 있는지를 너무나 잘 알고 있기 때문이다.

그것은 사랑이 아니다

한 부부가 있었다. 아내는 남편이 일개 의사가 아니라 성공한 병원장이 되기를 바랐다. 그래서 윗사람들과의 친목 모임이나 술자리가 있으면 남편이 좀 더 적극적으로 참여하기를 원했다. 하지만 남편은 연구와 진료에 더 집중하고 싶었다. 사람들을 관리하고 병원을 경영하는 것은 자신이 원하는 일이 아니었다. 그렇지만 아내는 "아니 남자가 왜 그렇게 야망이 없어?"라며 남편을 몰아붙였다. 둘은 차이를 좁히지 못했고 결국 이혼을 하기에 이르렀다.

우리는 보통 가족이나 연인을 위해 하는 일들에 대해 '사랑하니까'라는 이유를 붙인다. 다 상대방이 잘되기를 바라는 마음에서 하는 행동이라는 것이다. 그런데 상대방이 그것을 원하지 않는다면, 그런 행동이 사랑일 수 있을까?

우리는 생각보다 더 많이 사랑하는 사람을 휘두르려고 한다. 그를 사랑한다면서 정작 그가 뜻대로 움직이지 않으면 화를 내고, 싫어하는 걸 하려고 들면 못 하게 막기도 한다. 위의 아내도 남편이 자기 뜻대로 움직이기를 바랐다. 남편이 병원장이 되기를 원하지 않음에도 불구하고 말이다.

자신의 못다 이룬 꿈을 아이가 이뤄 주기를 바라는 엄마도 아이를 사랑한다고 말한다. 그런 엄마는 아이가 필요로 하는 사랑을 주기보다 자기 자신의 만족을 위해 필요한 사랑만 아이에게 준다. 심지어 아이가 다른 길을 가겠다고 하면 "내가 너를 어떻게 키웠는데"라며 아이의 뜻을 꺾으려고 든다. 아이에게 엄마는 생명줄 같은 존재이기 때문에 아이는 엄마로부터 버림받지 않기 위해 엄마가 원하는 것만 하게 된다. 어쩔 수 없이 엄마의 분신이 되는 것이다. 하지만 아이의 마음속 깊은 곳에는 엄마에 대한 원망과 미움이 가득하고 나중에는 그것을 어쩌지 못해 스스로를 파괴하기에 이른다.

욕심과 사랑은 구분되어야 한다. 상대방이 원하지 않는 것을 강요하는 것, 그것은 사랑이 아니다. 그냥 상대방을 마음대로 휘두르려는 이기적인 욕심일 뿐이다. 그리고 자기 취향에 맞게 타인을 길들이고 싶어도 그건 이루어질 수 없는 꿈에 불과하다. 왜냐하면 나와 똑같은 사람은 이 세상에 오직 나 하나뿐이기 때문이다. 부모도, 연인도, 사랑하는 아이도 나와 같을 수는 없다. 아마도 타인을 길들이려고 애쓸수록 비슷하다고 생각했던 상대방이 나와 너무나 다르다는 절망적인 사실만 깨닫게 될 것이다.

어차피 한 인간을 완전히 이해하는 것은 불가능하다

상대방이 나와 다른 존재라는 사실은 사랑하면 할수록 슬픔으로 다가온다. 왜냐하면 우리는 사랑하는 사람에게 완벽하게 이해받기를 바라기 때문이다. "다른 사람은 몰라도 너는 나를 이해하지? 너는 내 편이잖아"라고 말하는 이유다. 하지만 아무리 사랑해도 상대방은 내가 아니기에 나를 오해할 수도 있다. 나는 그저 햇볕이 따가워서 얼굴을 찌푸렸을 뿐인데 그는 자기가 뭘 잘못해서 그런 거라고 오해할 수 있다는 말이다. "아니 그런 오해를 하다니 어떻게 그럴 수가 있어? 나를 몰라?"라고 반문하며 서운함을 토로해도 어쩔 수 없다. 전 세계 60억 명의 사람이 모두 그런 억울함을 느끼며 살아간다고 하면 조금 위로가 될까. 오해받지 않는 사람은 이 세상에 단 한 명도 없다.

그런데도 우리는 사랑하는 사람이 내 마음을 다 알아줄 것이라고 기대한다. 나와 가장 가까운 만큼 나에 대해 잘 알고 있으니, 굳이 말하지 않아도 필요한 일을 척척 다 해 줄 거라고 생각하는 것이다. 하지만 그것은 착각일 뿐이다. 표현하지 않는데 누가 그걸 알겠는가. 그러니 상대에게 허망한 기대를 품고 실망하고 상대를 미워하기를 반복하는 대신, 상대에게 원하는 것을 솔직하게 말하는 용기가 필요하다.

흔한 연인의 대화를 예로 들어 보자. 여자 친구는 남자에게 "내일도 야근이야?"라고 묻는다. 속으로는 '내일은 만난 지 1주년 되는 날인데, 저녁에 만나겠지?'라고 생각하면서 말이다. 하지만 이런 질문은 남자 친구를 시험하는 것에 불과하다. 차라리 "내일 우리 1주년인데 저녁에 만나서 조촐하게 기념할까?"라고 솔직하게 원하는 것을 말하는 게 좋다. 그러면 서로 오해할 일도 줄어들어 덜 다투고, 싸우느라 쓸데없이 에너지를 낭비하지 않아도 되고, 상처 입을 일도 줄게 될 테니까 말이다.

누군가를 진정으로 사랑한다는 것의 의미

다행스럽게도 사랑한다는 것은 완벽하게 이해하지 못해도 가능하다. 있는 그대로 상대방을 아무런 조건 없이 받아들일 수만 있으면 우리는 충분히 사랑할 수 있다.

그런데 정작 문제는 상대방을 있는 그대로 받아들이는 게 말처럼 쉽지 않다는 데 있다. 우리는 알면서도 통제할 수 없는 어떤 일 앞에서 좌절하고 불안해하며 화를 내고 초조해한다. 앞선 차들이 사고가 나는 바람에 도로가 꽉 막혀 있다고 해 보자. 누군가는 그에 대해 분노를 터트린다. 하지만 그래 봐야 아무 소용이 없다. 아무리 화를 내고 안절부절 못해 봐야 내 뜻대로 상황이 풀릴 리 만무하다. 사랑하는 것도 마찬가지다. 아무리 답답하고 속이 터져도 사랑하는 사람에겐 바꿀 수 없는 부분이 있게 마련이다.

그럴 때는 그 부분을 있는 그대로 받아들이는 지혜가 필요하다. 그것을 억지로 고치려고 해 봐야 고쳐지지 않을뿐더러 서로 상처만 입을 확률이 높기 때문이다. 상대방을 위한 마음에서 비롯된 행동과 말이 상처가 되는 건 한순간이다. 그럴 때일수록 기억해야 한다. 부모들이 아이를 위해서 하는 말이 10대 청소년에겐 쓸데없는 잔소리로만 들린다는 것을, 잔소리가 자꾸 반복되면 오히려 반항심만 부추긴다는 사실을 말이다.

내가 원하는 모습으로 만들기 위해 그 어떤 힘도 행사하지 않고, 상대를 그저 따뜻한 눈길로 지켜봐 주는 것. 그의 생각과 행동들이 그가 살아 온 세월에서 비롯된 것임을 인정함으로써 그의 과거 전부를 끌어안는 것. 그러므로 그의 못나고 초라한 모습도 껴안는 것. 그렇게 아무 조건 없이 누군가를 있는 그대로 받아들이는 일이야말로 그를 진정으로 사랑하는 것이다.

우리가 살면서 누릴 수 있는 행복 가운데 하나는 뭔가 더 노력하지 않아도, 뭔가를 숨기지 않아도, 지금 이 모습 그대로 누군가에게 사랑받고, 누군가를 사랑하는 일이다. 그리고 상대방이 나와 다르다는 사실을 인정하고 그 차이를 받아들이는 일이야말로 그 행복에 다가가는 지름길이다.

더는 애쓰지 말고 거리부터 두어라

오래 사귄 연인이 있었다. 어느 날 그들은 심하게 다툰다. 사소한 말다툼에서 시작된 싸움은 어느새 서로에게 온갖 상처 주는 말을 쏟아 내기에 이르렀고, 늘 그랬듯 여자는 자리를 박차고 돌아서서 가 버렸다. 하지만 늘 그랬듯 남자는 곧 화해할 거라고 생각했다.

그런데 다음 날 여자는 남자를 마치 처음 보는 사람처럼 대한다. 알고 보니 여자는 남자에 대한 기억을 모두 지워 버린 뒤였다. 제멋대로 자신을 지운 여자를 보며 충격을 받은 것도 잠시, 화가 난 남자는 그 길로 기억을 지워 준다는 병원으로 달려간다.

'넌 늘 그랬어. 이기적이고 충동적이고 화가 나면 함부로 말

하고. 좋아, 나도 널 깨끗하게 지워 줄게.'

그렇게 남자도 여자와의 기억을 하나둘 지워 나간다. 처음엔 속이 후련했다. 그런데 기억을 지우는 과정에서 둘만의 아름다운 추억이 떠오르기 시작하자 남자는 흔들렸다. 잠시라도 떨어져 있으면 보고 싶어 안달하던 과거를 돌이키며 남자는 문득 깨닫는다. 자신이 여자를 무척이나 사랑하고 있다는 사실을 말이다.

꽁꽁 언 찰스 강 위에 나란히 누워 있는 두 사람은 서로를 애틋하게 바라본다. 이토록 행복하고 충만한 순간이 또 있을까? 뒤늦게 남자는 외친다.

"거기 누구 없어요? 이 기억만큼은 지우고 싶지 않아요. 멈춰요. 제발요."

죽도록 사랑했던 연인이 서로를 인생에서 지우기로 결심하고 나서 뒤늦게 사랑을 깨닫게 되는 과정을 그린 영화 〈이터널 선샤인〉의 이야기다.

남자가 기억을 지우기 전에 여자를 사랑하고 있다는 사실을 알았더라면 얼마나 좋았을까? 우리는 종종 영화의 주인공처럼 소중한 것을 잃어버리고 난 뒤에야 비로소 그 가치를 깨닫곤 한다. 후회 없는 삶을 바라면서도 늘 후회할 수밖에 없는 이유다.

관계가 틀어져 마음이 상하면 우리는 으레 상대방에게 그 책임을 돌린다. 최선을 다한 나에 비해 상대방은 별로 애쓰는 것처럼 보이지 않아서다. 결국 쌓여 있던 불만이 폭발하며 상대방에게 "너 때문이야"라는 비난을 퍼붓는다. 그러나 남 탓은 문제 해결에 아무런 도움이 되지 않는다. 그저 끝도 없는 싸움을 부를 뿐이다.

스탠퍼드 의과대학의 데이비드 번즈 명예 교수는 '어떤 태도가 결혼 생활의 행복과 불행을 좌우하는가'를 밝히기 위해 여러 연구를 진행한 끝에 놀라운 결과를 발견했다. 연령과 빈부의 차이, 학력과 자녀의 유무, 결혼 생활 기간, 섹스의 빈도수, 취미 활동, 가사 분담 정도 등의 여러 변수를 놓고 실험했지만 그것은 별 문제가 되지 않았다. 부부 사이의 행복과 불행을 좌우하는 가장 중요한 요인은 바로 '남 탓'이었다. 서로 상대방 탓만 하는 부부는 관계 만족도 측정표를 작성하고 3개월 뒤 다시 작성했을 때 관계가 더 나빠졌다. 반대로 상대방을 탓하거나 그를 바꾸려고 하는 대신 스스로 변화하는 데 집중한 사람들은 부부 관계 역시 괜찮았다.

그렇다고 '자기 탓'을 하란 말은 결코 아니다. 자기 탓은 죄의식과 불안, 우울 증세와 자포자기를 불러온다. 게다가 아무리 애써도 더 악화되기만 하는 상황을 보며 무력감을 느끼게 된다. 그 또한 문제 해결에 아무런 도움이 되지 않는 것이다.

누군가를 미워하며 그와의 불편한 관계를 지속하는 것은 끔찍한 일이다. 그래서 어떤 사람들은 "이 꼴 저 꼴 보기 싫다"며 관계를 끊어 버린다. 불편한 사람을 자기 인생에서 치워 버리는 것이다. 그러나 홧김에 관계를 끊으면 더 이상 그를 안 볼 수는 있지만 마음의 상처는 남는다. 그와 만나며 기분 나빴던 순간들이 불쑥불쑥 떠오르고, 그때 입었던 상처들은 마음 한 켠에 고스란히 남아 시시때때로 나를 괴롭힌다. 나쁜 감정으로부터 벗어나지 못하는 것이다. 자신을 괴롭히는 상사 때문에 회사를 그만둔 사람은 몇 년이 지나도 그 회사 근처만 가면 불편한 기분을 어쩌지 못하고, 남자와 헤어진 여자는 그와 같이 다녔던 공간에 다시 가기를 꺼리게 되고, 홧김에 보지 말자고 한 친구의 소식을 듣게 되면 잠잠했던 마음이 자꾸만 소란스러워진다. 그 사람과 관계하며 쌓인 기억들이 날카로운 칼이 되어 내 마음을 찌르는 것이다.

관계를 끊기 전에 거리부터 두어 보라

누구나 가깝다고 생각하는 사람이나 가까이 있을 수밖에 없는 사람과의 사이에 문제가 생기면 괴로울 수밖에 없다. 마음이 불편하면 일도 잘 안 되고 다른 인간관계도 잘 안 풀린다. 부부 싸움을 한 상사는 다음 날 회사에 나와서 애써 마음을 다스리려고 해도 얼굴이 굳어 있게 마련이다. 그러면 부하 직원들은 자신이 뭔가 실수한 게 없나 눈치를 보게 된다. 자매끼리 싸워서 말을 안 하고 있으면 집안 분위기 전체가 무겁게 가라앉는다.

남 탓, 내 탓을 하며 싸우지 않을 방법은 없는 걸까? 결국 관계를 끊어 버리지 않는 한 고통스러운 관계는 견디는 것밖에 답이 없는 걸까? 아니다. 방법은 있다. 마음의 상처를 더 입기 전에 일정한 심리적 거리를 두면 된다. 그렇게 말하면 어떤 사람들은 나한테 묻는다. 심리적 거리를 둔다고 해도 얼굴을 계속 봐야 하는데, 그래 봐야 어색해지기만 할 뿐 그게 무슨 해결책이 될 수 있느냐는 것이다.

그러나 불편한 상황에서 즉각적인 반응을 하지 않고 일단 거리를 두면 서로 감정이 폭발해 극단으로 치닫는 것을 막을 수 있다. 그리고 한 발 물러나서 조금은 객관적으로 상황을 바라볼 여유를 만들 수 있다. 그러면 화가 가라앉으면서 불필요한 싸움을 일단 막을 수 있게 된다.

거리를 두는 것은 아예 상대방에 대한 마음을 닫아 버리고 그가 무엇을 하든 개의치 않는 것이 아니다. 거리를 둔다는 것은 슬프지만 그가 나와 다른 생각을 하고 다른 의견을 가질 수 있음을 인정하고 그것을 존중하는 것이다. 즉 상대방이 나와 다르다는 이유로 배척하거나 비난하거나 무시하지 않고, 상대방을 바꾸려고도 하지 않는 것이다.

그러므로 적절하게 거리를 둘 수 있으면 관계를 단절할 필요도 없고, 상대를 향한 복수심을 키울 필요도 없어진다. 오히려 상대를 미워하는 마음에서 빠져나와 홀가분해짐으로써 비로소 편안함을 되찾게 된다. 그런 의미에서 보자면 일정한 거리를 둔다는 것은 불필요한 적대적 상황을 피하고, 상대방에게 휘둘리지 않음으로써 감정적인 소모를 줄이는 현명한 선택이다.

예전에 나는 한동안 시어머니가 미워서 잠을 못 이룬 적이 있었다. 그 감정이 얼마나 힘들었는지 한 달 정도 불면증에 시달리기까지 했다. 시어머니를 떠올리면 이내 가슴이 답답하고 울화가 치밀었다. 이러다 어떤 식으로든 사고를 치게 될 것 같아 불안하기도 했다. 그런데 어느 날 문득 그런 생각이 들었다. '왜 내가 시어머니 때문에 내 인생을 망치고 있는 거지?' 나는 내가 더 노력하면 시어머니가 나를 예뻐해 줄 것이라고 생각했다. 시어머니에게 인정받고 싶은 거였다. 그러나 시어머니는 나를 인정해 주기는커녕 늘 못마땅한 표정으로 불만을 표시했다. 그런 시어머니를 이해하려고도 해 봤지만 도저히 이해할 수 없었고 그 사이에 미움은 커져만 갔다. 나는 그날 이후로 시어머니를 이해하기를 포기하고 시어머니가 절대 바뀌지 않을 사람이라는 사실을 받아들였다. 그리고는 감정적으로 거리를 두기 시작했다.

이를테면 저녁밥을 먹고 나면 과일을 깎아 드리곤 했는데 예전에는 나도 그 옆에 앉아서 과일을 먹었다. 그런데 그 뒤로는 "어머니, 과일 드세요. 저는 지금 속이 안 좋아서요"라고 말하곤 방으로 들어가 내 할 일을 했다. 시어머니와 부딪힐 일을 자연스럽게 조금씩 줄여 나간 것이다. 남들에게는 그게 별일이 아닐 수도 있겠지만 며느리로서 최선을 다해야 한다는 강박관념에 늘 욕을 먹으면서도 시어머니 곁을 지켰던 나에게는 큰 용기가 필요한 일들이었다. 시어머니를 모시고 살았으니 싫든 좋든 매일 얼굴을 봐야 했기 때문이다.

그런데 신기하게도 시어머니와의 거리 두기를 늘려 갈수록 더 이상 시어머니에게 감정적으로 휘둘리지 않게 되었다. 며느리로서 할 도리만 하자 마음먹고 최대한 나만의 시간을 늘리는 데 집중하자 예전에는 시어머니가 조금만 뭐라고 해도 울컥했는데 "네, 네" 하며 한 귀로 흘려 버릴 수도 있게 되었다. 그렇게 마음의 여유가 생기자 언제 그랬냐는 듯 잠도 편안히 잘 수 있게 되었다.

그런데 보통 사람들은 거리 두기를 상대방을 차단하고 무시하는 일이라고 생각한다. 그러다 보니 오히려 신경을 끄지 못한다. 상대방이 나로 인해 약간이라도 위축되는 모습을 보이면 괜히 나쁜 사람이 된 것 같아 죄책감에 시달린다. 반대로 상대방이 내 마음을 알아차리고 조심하기는커녕 태도의 변화가 없으면 화가 나게 된다. 여전히 상대방의 행동 하나하나에 감정적으로 휘둘리는 것이다.

내가 말하는 '거리'는 상대방과 나 사이에 '존중'을 넣는 것이다. 이때 존중은 상대방이 나와 다르다는 사실을 있는 그대로 인정하는 것을 뜻한다. 그가 나와 다르다고 해서 그를 비난하거나 비판하지 않고 고치려고 들지 않는 것이다. 즉 상대방을 내 마음대로 휘두르려고 하지 않고 그의 선택과 결정을 존중하는 것이다.

정신분석을 할 때도 마찬가지다. 환자들의 경우 마음이 아픈 것은 맞지만 그렇다고 그를 함부로 대해서는 안 된다. 환자가 가진 생각이 내 가치관이나 철학과 다르다고 해서, 설령 환자가 스스로를 힘들게 하는 것이 안타깝다고 해도 그것에 대해 함부로 비판하거나 섣불리 고치라고 말해서는 안 된다. 그가 왜 그렇게 생각하게 되었는지 최대한 많이 들어야 한다. 그것이 바로 존중이다.

다만 거리를 두는 것은 나도 당신을 존중할 테니 당신도 나를 존중해 달라는 의미다. 내가 상대방을 함부로 휘두르려고 하지 않듯 상대방도 나에게 그럴 권리가 없음을 분명히 밝히는 것이다. 언젠가 어느 책에서 이런 문장을 본 적이 있다.

"나에게 일어나는 사건과 그 반응 사이에는 공간이 있으며 그 공간 사이에 반응을 선택할 힘과 자유가 있다. 그 선택 속에 나의 성장과 행복이 존재한다."

시어머니가 미웠을 때 내가 밤에 잠을 설칠 만큼 괴로웠던 까닭은 이 어긋난 관계에서 내가 할 수 있는 게 아무것도 없는데, 내일도 모레도 그런 시어머니를 매일 봐야 한다는 게 너무 끔찍했기 때문이다. 그래서 매일 상처를 입었고 그 상처는 더 커져만 갔다. 그런데 아무것도 할 수 없다는 것은 사실이 아니었다. 나는 시어머니와의 관계에서 감정적으로 거리를 둘 수 있는 힘을 가지고 있었다. 그래서 거리를 두자 똑같은 비난을 들어도 그것이 더 이상 상처가 되지 않았다. 그러자 신기하게도 다른 사람들과의 관계에서도 그냥 끌려다니는 게 아니라 좀 더 주도적으로 움직이게 되었다. 시어머니와도 잘 지내는 법을 익혔는데 못 할 게 뭐가 있을까 싶었다. 그러다 보니 예전 같으면 나와 너무 달라 싫었던 사람들과도 잘 지낼 수 있게 되었다. 무엇보다 좋은 건 내가 좀 더 행복해졌다는 사실이다.

그리스의 철학자 디오게네스는 "사람을 대할 때는 불을 대하듯 하라. 다가갈 때는 타지 않을 정도로, 멀어질 때는 얼지 않을 만큼만"이라는 말을 남겼다. 서로 덜 상처 주면서 살고 싶다면, 관계로 인해 더 이상 괴롭지 않고 행복해지고 싶다면 거리를 두어라. 둘 사이에 간격이 있다는 것은 결코 서운해할 일이 아니다. 그것이 얼마나 서로를 자유롭게 하고 행복하게 만드는지는 경험해 보면 바로 깨닫게 될 것이다.

 당신과 나 사이에 필요한 최적의 거리

멀찍이 떨어져서 숲을 바라보면 숲에 나무가 빽빽이 가득 차 있는 것처럼 보인다. 그렇지만 가까이 다가가서 보면 신기하게도 나무들이 서로 적당한 간격을 유지하고 있다. 나무들이 서로서로 일정한 거리를 유지한 채 자라고 있는 것이다.

나는 언제나 그 이유가 궁금했는데, 어느 날 나무를 연구하는 학자가 친절하게 설명해 주었다. 나무들이 서로 너무 가깝게 붙어 있으면 햇볕을 더 받기 위해 경쟁하듯 위로만 자란다는 것이다. 그런데 위로만 자라다 보면, 가지를 뻗고 잎을 만들어 몸체 구석구석을 튼튼하게 만들지 못해서 두 나무 모두 비정상적으로 몸통이 가늘어지게 된다. 그래서 나중엔 약한 비바람도 견디지 못해 쓰러지고 만다.

고슴도치의 딜레마

....

각자 올곧이 자라기 위해서는 나무와 나무 사이에 거리가 반드시 필요하듯 사람과 사람 사이에도 거리가 필요하다. 그런데 가까운 사람이 거리를 두자고 얘기하면 서운함을 넘어서서 '내가 귀찮은가?' 혹은 '더 이상 나를 좋아하지 않는 건가?'라는 오해부터 하게 된다. 그래서 친밀한 사이일수록 '거리'를 이야기하는 것은 매우 어렵고 자칫하면 서로 깊은 상처를 남기는 문제가 되곤 한다.

그런데 결론부터 이야기하자면 가까운 사이일수록 서로에게는 거리가 필요하다. 사람에게는 누군가를 필요로 하고 기대고 싶어 하는 의존 욕구만큼이나 내 뜻대로 움직이고 싶은 독립 욕구가 동시에 존재한다. 인간관계를 통해 사랑하고 사랑받기를 원하며 그로 인해 행복해지고 싶어 하지만, 그렇다고 관계 때문에 남과 다른 나의 정체성이나 독립성이 침해당하는 것을 원치 않는 것이다.

문제는 우리가 친밀감과 거리감 사이에서 어느 한쪽으로 다가가면 갈수록 다른 한쪽은 멀어진다는 점에 있다. 그리고 인간관계 속에서 발생하는 모든 실망과 좌절은 한 사람은 너무 가까이 있으려고 하고 한 사람은 거리를 두려고 하는 데서 시작된다. 만약 누군가가 나에게 가까이 다가오면 우리는 본능적으로 한 발짝 물러난다. 왜냐하면 사람에게는 누구나 남에게 침범당하고 싶지 않는 공간이 존재한다. 그것을 우리는 '퍼스널 스페이스(personal space)'라고 부른다. 사람이 가득 찬 엘리베이터를 타거나 만원 버스를 탔을 때 불쾌함을 느끼는 것도 모르는 사람과 거의 붙어 있게 되면서 자신만의 공간인 퍼스널 스페이스를 확보하지 못하기 때문이다.

그런데 상대방이 나한테 너무 가까이 온다고 생각해 보라. 그러면 그가 나에게 전적으로 의존하거나 나를 구속하려 들까 봐 겁을 먹게 된다. 반대로 내가 조금 거리를 두고 자유롭게 혼자 있고 싶다고 해 보자. 그러면 상대방은 혼자 남겨질지도 모른다는 두려움을 느끼게 된다. 그래서 너무 가까워서 서로 상처 주지 않고, 너무 멀어서 외롭지 않은 거리를 확보하는 건 나와 상대방 모두에게 힘든 일이다.

철학자 아르투어 쇼펜하우어는 이 딜레마에 대해 고슴도치의 이야기를 빗대어 설명한다. 겨울에 고슴도치들은 서로의 온기를 느끼기 위해 가까이 다가간다. 그러나 너무 가까이 다가가면 서로의 가시에 찔려 상처를 입게 된다. 상처 입은 고슴도치들은 몸을 보호하기 위해 물러나지만 추위는 다시금 서로에게 다가가게 만든다. 이처럼 고슴도치들은 가까이 다가갔다 뒤로 물러서기를 끊임없이 반복한다. 그러나 서로 따뜻함을 느끼면서도 추위를 피할 수 있는 거리는 분명 존재하며, 고슴도치들은 최적의 거리를 찾기 위해 노력한다.

당신과 나 사이에 필요한 최적의 거리

퍼스널 스페이스의 개념을 처음으로 제시한 사람은 미국의 문화인류학자 에드워드 홀로 그는 저서《숨겨진 차원》에서 인간의 공간 사용법에 대해 4가지 유형을 제시했다. 중요한 것은 사람과 사람 사이에 어느 만큼의 거리가 필요한지에 대해 여러 실험을 통해 구체적인 수치를 제시했다는 점이다.

먼저 밀접한 거리(Intimate Distance Zone)는 0~46cm 미만으로 사랑을 나누고, 맞붙어 싸우고, 위로해 주고, 보호해 주는 등의 행위가 일어나는 거리를 말한다. 소리보다 촉감이나 후각 등의 감각이 주요 소통 수단이 된다. 가족이나 연인처럼 서로의 친밀도가 가장 높은 관계에서 나타나는 거리라고 볼 수 있다. 따라서 그다지 가깝지 않은 사람이 불쑥 이 거리를 침범해 들어오면 사람은 움츠러들고, 긴장하며, 불안해하면서 위협을 느끼게 된다. 즉 자기방어를 위한 최소한의 거리이므로 함부로 침범해서는 안 된다.

그다음은 개인적 거리(Personal Distance Zone)로 46cm ~1.2m이다. 접촉을 꺼리는 사람들이 일정하게 유지하는 거리를 지칭하기 위해 원래 동물학자 하이니 헤디거가 사용한 용어로 서로의 팔 길이만큼의 사이를 뜻한다. 그것은 곧 손을 뻗으면 상대방의 손발을 잡을 수 있는 거리이기도 하다. 주로 친구나 그만큼 가깝게 느껴지는 사람들과의 관계에서 나타난다. 접촉보다는 주로 대화로 의사소통을 하며 적당한 친밀감과 동시에 어느 정도의 격식을 필요로 한다. 가벼운 스킨십을 하면서 다가갔을 때 상대방이 편안해하면 호감을 느낀다고 볼 수 있다.

사회적 거리(Social Distance Zone)는 1.2m~3.6m로 지배의 한계를 넘어선 거리다. 어떤 특별한 노력이 없는 한 상대방과 닿지도 않고 그럴 기대조차 하지 않는다. 여기서는 비개인적인 업무가 행해지며 사무적이고 공식적인 성격을 띤다. 사적인 질문이나 스킨십이 허용되지 않기 때문에 대화에서도 격식을 갖추는 예의가 요구된다. 회사 사무실이나 넓은 공간에 놓인 탁자를 사이에 둔 소그룹의 회의나 모임 등이 이에 속한다.

끝으로 공적인 거리(Public Distance Zone)는 3.6m~7.5m인데, 이는 개인과 대중 사이의 거리로 과장된 목소리와 함께 몸짓이나 자세 등 비언어적 의사 전달 수단이 요구된다. 교사와 학생, 연극배우나 가수, 강사와 청중 사이의 연설이나 강의 등에 필요한 거리다.

이처럼 에드워드 홀은 4가지 거리를 제시하면서 문화나 개

개인의 차이에 따라 그 거리가 조금씩 달라질 수 있다고 설명한다. 우리나라에서는 누군가 처음 만났을 때 "결혼하셨나요?", "아이는 몇 명인가요?"라는 말을 인사차 묻는 경우가 종종 있는데 서양 문화권에서 볼 때 그것은 개인의 사적 공간을 침범하는 아주 무례한 질문이다. 회사 사람들끼리 '식구'라는 표현을 쓰며 개인의 사생활에 대해 아무렇지 않게 물어보는 것 또한 마찬가지다.

우리가 이 책에서 주로 살펴보고자 하는 것은 위의 4가지 거리 중 밀접한 거리와 개인적 거리다. 왜냐하면 우리가 인생에서 소중하다고 생각하는 사람들과의 관계가 그 안에 있으며, 그 관계를 제대로 풀어 가지 못하면 나머지 관계도 제대로 유지할 수 없기 때문이다. 가족인데도 친구보다 못한 관계로 계속 얼굴을 보고 있다면 그것은 큰 고통이다. 가장 가까운 관계에서 서로가 서먹하다는 것은 분명 문제가 있다. 반면 친구가 "우리 사이에 비밀은 하나도 없어야 해"라고 우긴다면 그것은 기본적으로 거리를 무시하는 행위다.

그렇다면 가족과 나 사이에, 사랑하는 연인과 나 사이에, 친구와 나 사이에, 회사 사람들과 나 사이에 필요한 최적의 거리는 과연 얼마일까? 우리는 어떻게 해야 인간관계를 통해 행복을 느끼고 성장할 수 있을까? 우리가 지금 관계에서 덜어 내야 할 것은 무엇이고, 채워야 할 것은 무엇일까?

너무 가까워서 서로 상처 입지 않으며, 너무 멀어서 외롭다고 느끼지 않는 최적의 거리는 분명 존재한다. 그런데 우리는 고슴도치처럼 한두 번 서로에게 가까이 다가가려고 했다가 상처를 입으면 아프기 때문에 관계를 개선하기 위한 노력을 멈추게 된다. 다시금 시도했다가 또 다칠까 봐 두려워하는 것이다. 그러나 상처 입기를 각오하지 않으면 그 누구와도 가까워질 수 없고, 우리가 그토록 원하는 사랑을 주고받을 수 없게 된다.

"자신이 가장 소중하다고 믿는 것들을 위해 살아가는 방법은 무엇일까? 그건 나 자신이 너무나 투명해지는 일이었다. 물방울처럼, 유리처럼 투명해지는 일이었다. 스스로 속이지 않는 마음의 상태. 다른 사람에게 들킬까 봐 겁내지 않는 상태. 아닌 것은 절대로 아니라고 말하는 상태. 해 본 사람들은 알겠지만 그건 대단히 가슴 떨린다. 왜냐하면 거기까지가 자신이 할 수 있는 최대한이기 때문이다. 거기까지 했는데도 안 되는 일이라고 한다면 정말 안 되는 일이니까. 그제야 나는 용기란 한없이 떨리는 몸에서 나오는 힘이라는 걸 알게 됐다."

김연수의 《지지 않는 말》에 나오는 문장이다. 나를 지키고, 인생에서 소중한 것들을 지키기 위해서는 용기가 필요하다. 그런데 용기를 낸다는 것은 생각보다 쉽지 않다. 거리를 두자고 했다가 서로 서먹해지기만 한다면, 오히려 관계가 더 어긋 난다면 얼마나 괴롭겠는가. 그러나 한번 용기를 내 보라. 거리 를 둔다는 것은 서먹해지자는 말이 아니다. 그 안에 존중이 살 아 숨 쉬는 한 우리는 거리를 둠으로써 오히려 관계가 더 좋아 지는 것을 경험하게 될 것이 분명하기 때문이다.

가까운 사이에서 거리를 둔다는 것은 그 사람의 선택을 존 중한다는 의미를 담고 있지만 그가 무엇을 하든 아무 신경도 쓰지 않고 무관심해지겠다는 의미는 결코 아니다. 사랑하는 그가 정말로 잘못된 길로 간다면 말려야 한다. 그에게 왜 그 길 로 가면 안 되는지 충분히 말할 수 있어야 한다. 그럼에도 최종 선택은 그의 몫이다. 그가 어떤 선택을 하든 곁에는 늘 내가 있 다는 확신을 주는 것이 바로 진정한 의미의 거리 두기다. 서로 를 진정 소중히 여기기에 꼭 해 줘야 하는 것이 바로 거리 두기 인 것이다. 그러므로 설령 또 한 번 상처 입을지라도 용기를 내 어 보라. 함께 있되 거리를 두는 법을 익히는 것이다.

이제 적당한 간격을 두고 그와 당신이 서 있다. 둘 사이에 흐 르는 간격은 서로를 자유롭게 만들면서도 서로를 그리워하게 만든다. 그러면 혼자 있어도 행복하고, 함께 있어도 행복해질 수 있다. 이 얼마나 좋은가.

Chapter 2

당신과 나 사이를
힘들게 만드는 것들에 대하여

당신은 더 이상 무력한 어린아이가 아니다

"혹시라도 내가 싫어져서 나중에 그가 나를 버리면 어떡하지?"

'버림받다'의 뜻을 찾아보면 사전에 이렇게 나와 있다. '일방적으로 관계가 끊기어 배척당하다.' 이 짧은 문장에 우리가 가장 싫어하고 끔찍해하는 말들이 가득하다. 그래서일까. 누구나 버림받는 것에 대한 두려움이 있다. 그런데 그 두려움이 유독 큰 사람들은 종종 버림받는 비참한 상황을 예방하기 위해 어느 순간 상대방을 밀어내 버린다. 상대방이 나를 차기 전에 내가 먼저 그를 차서 버림받는 상황을 피하는 것이다. 그것은 미래의 불행을 피하기 위해 현재의 행복을 포기하는 것이나 다름없다.

버림받을지도 모른다는 두려움 뒤에는 자신이 상대방에게 사랑받을 만한 가치가 없다는 자기 비하와 열등감이 숨어 있다. 너무 초라하고 보잘것없는 존재이기 때문에 자신이 다가가면 사람들이 피하고 끝내 자신을 버릴 것이라고 생각하는 것이다. 이런 두려움은 사람들과 지속적인 대인 관계를 맺거나 사랑을 하는 데 커다란 장애가 된다. 그래서 버림받는 것이 너무 두려운 사람들은 좋아하는 사람에게 다가가지 못하고 짝사랑만 줄곧 한다. 괜히 고백했다가 거절당하는 사태를 미연에 방지하는 것이다.

사랑하는 사람을 끊임없이 테스트하는 경우도 있는데 그 방식은 이렇다. 그들은 처음에 "날 위해 그 정도는 해 줄 수 있지?" 하면서 가벼운 것을 부탁하다가 점점 더 어렵고 힘든 것을 요구한다. 문제는 상대가 그 부탁을 들어준다 해도 계속 의심하며 테스트를 멈추지 않는 데 있다. 그러면서도 그가 자신을 버릴지도 모른다는 불안감이 극에 달해 상대방을 질리게 하는 줄도 모른다. 그들은 사랑을 하면서도 더욱 커져만 가는 불안과 의심 때문에 제대로 사랑하지 못한다. 이처럼 끊임없이 의심해서 상대를 떠나게 만드는 유형이 있는가 하면, 상대를 계속 바꿔 가며 피상적인 관계만을 맺는 유형도 있다. 버림받기 전에 한 여자를 떠나 다른 여자에게 가기를 반복하는 바람둥이가 이에 속한다.

그들은 버림받을지도 모른다는 두려움이 너무 큰 나머지 친밀한 인간관계를 아예 맺지 못한다. 그런데 이들이 모르고 있는 사실이 하나 있다. 다른 사람들은 자신이 거절당했다고 해서 반드시 자신이 사랑받을 만한 가치가 없다고 생각하지는 않는다. 다만 인연이 아니거나 타이밍이 좋지 않았다고 생각할 뿐이다.

0~5세 아이들이 가장 많이 하는 생각은 무엇일까?

사실 버림받음에 대한 두려움은 본능에 가깝다. 0~5세 아이들이 가장 많이 하는 생각은 무엇일까? 놀랍게도 '내가 부모에게서 버려지지는 않을까?' 하는 고민이라고 한다. 그래서 어떻게든 부모의 관심과 사랑을 받기 위해 애쓰는데 떼쓰기와 울음도 그 노력의 일환이다. 그런데 떼쓰는 걸 부모가 무시하거나, 서럽게 울어도 달래 주지 않으면 아이는 '부모가 자신을 싫어하는 건 아닐까?', '자신을 돌보지 않고 버리면 어떡하지' 하는 불안감이 증폭된다. 사실 인간은 누가 보살펴 주지 않으면 생존할 수 없는 무력한 존재로 태어난다. 다른 동물들은 며칠만 지나도, 혹은 몇 시간만 지나도 스스로 움직여 젖을 먹거나 먹이를 구하는데 인간은 최소 3년 동안 누가 옆에서 먹여 주고, 씻겨 주고, 입혀 주면서 보살펴 줘야만 한다. 그러다 보니 본능적으로 자신을 보호하고 사랑해 주는 대상이 사라지고 혼자 남겨지는 것에 대한 두려움이 크다. 버림받으면 죽을 수도 있다는 생각을 하게 되는 것이다.

이때 아이가 가진 두려움을 없애 주는 것은 보살피는 사람들의 몫이다. 생후 7~8개월경부터 아이는 엄마가 옆에 있어야만 안심하고 엄마와 조금이라도 떨어져 있는 것을 못 견디는데 이것을 '분리불안'이라고 한다. 분리불안은 3세까지 지속되는데 이때 심한 아이들은 엄마가 화장실에만 가도 울어서 아이와 함께 화장실에 들어가거나 문을 열어 놓아야 하는 경우도 있다. 이때 늘 엄마가 옆에서 반응을 보여 주고 안심시켜 주면 아이는 자신이 혼자 놀고 있어도 엄마가 어디 도망가지 않고 내 옆에 있어 줄 거라는 믿음, 즉 '기초적 신뢰(Basic Trust)'를 다지게 된다.

거절을 잘할수록 오히려 인간관계도 더 좋아진다

하지만 부모와의 관계 속에서 기초적인 신뢰를 쌓지 못한 아이는 자신의 욕구를 누르면서까지 부모가 원하는 것을 하려 든다. 그렇지 않으면 부모에게 거부당할까 봐 두렵기 때문이다. 그들은 공부를 잘하고, 심부름을 잘하고, 동생을 잘 보는 등 부모가 내세우는 조건을 충족시켜야만 사랑받을 수 있다고 생각한다. 그리고 이런 생각은 부모와의 관계에서만 그치지 않는다. 다른 사람들도 자신이 조금만 실수하거나 부족한 모습을 보이면 부모가 그랬던 것처럼 자신을 싫어해서 떠나 버릴지도 모른다는 생각을 하게 되는 것이다.

그들은 남의 부탁도 쉽게 거절하지 못한다. 거절은 남과 다른 나만의 뜻이 있음을 드러내는 일인데 그랬다가 그 사람이 나를 싫어하고 관계가 끝나 버릴까 봐 두려운 것이다. 그래서 친구의 부탁이나 동료들의 요구가 지나치게 많고 감당하기 어려운 지경에 이르러도 안 된다는 말을 하지 못한다.

누구에게나 거절이 쉬운 일은 아니다. 어찌 됐건 그것은 유쾌한 경험은 아니기 때문이다. 때로 거절당한 사람은 상대방을 원망하고 미워하게 된다. 거절한 사람 역시 자신이 너무 이기적인 것은 아닐까 하는 죄책감을 느낀다. 하지만 대부분의 거절은 구체적인 제안이나 행동에 동의하지 않는다는 뜻이지, 그 사람 자체를 거부하는 것이 결코 아니다. 친구가 저녁을 먹자고 했는데 그것을 거절하는 건 이미 약속이 잡혀서일 수 있다. 동료가 제안서 쓰는 걸 도와달라고 했는데 못 하겠다고 하는 건 며칠 야근을 해야 할 정도로 할 일이 많아서일 수 있다. 그래서 거절당한 친구는 '네가 많이 바쁘구나' 생각하며 금방 그 일을 잊어버리고, 동료도 "너 바쁜 거 뻔히 아는데 내가 괜히 무리한 얘기를 했네"라며 오히려 미안하다고 할지도 모른다. 그런데 부탁을 잘 거절하지 못하는 사람들은 거절을 하면 마치 큰일이라도 날 것처럼 생각한다. 상대방이 자신을 미워하고 다시는 보지 않을까 봐 두려워하는 것이다. 그래서 자신이 해야 할 일을 뒤로 미루고, 가족들과의 약속을 취소하면서까지 상대방의 부탁을 들어주려 애쓴다. 그래야 마음이 편하기 때문이다.

그런데 남을 만족시키기 위해 자신이 곤란한 상황에 처하거나 힘들어질 것을 알면서도 부탁을 들어주는 건 옳지 않다. 마지못해 수락해 봐야 짜증이 나고 상대를 원망하는 마음이 일어날 뿐만 아니라 그 일을 제대로 처리하지 못하거나 다른 일에 지장을 줄 수도 있다. 그러므로 무리한 부탁은 처음부터 단호하게 거절하는 것이 맞다. 한 번의 거절로 끝나 버릴 관계라면 내가 그 어떤 노력을 한다 해도 언젠가는 끝날 관계이기 때문이다. 대신 거절할 때는 상대방에게 불쾌한 느낌이 들지 않도록 상황을 잘 설명해야 한다. 안 된다는 말을 못 하겠다면 우선은 너무 성급하게 수락하지 않는 것도 방법이다. "자세한 건 스케줄을 보고 연락 드릴게요" 등의 말을 해서 우선 시간을 벌라는 뜻이다.

지나치게 거절을 못 하는 사람들의 마음속에는 '그렇게 부탁을 들어주면 조금이라도 상대방이 나를 좋아해 주지 않을까' 하는 기대가 숨어 있다. 자신이 최선을 다해 노력하면 적어도 버림받지 않을 거라고 생각하는 것이다. 즉 버림받는 것에 대한 두려움이 '끊임없이 노력해야만 된다'는 생각을 하게 만든다. 그런데 그 어떤 것도 거절하지 않고 들어주다 보면 상대방은 오히려 고마워하지 않게 된다. 심지어 뻔뻔하게 이번 부탁은 왜 안 들어주냐고 화를 낼 수도 있다. 그러므로 어떤 이유로든 남이 나를 함부로 대하게 두어서는 안 된다. 남이 나에게 부당한 일을 강요하지 못하도록 해야 한다. 그런 의미에서 보자면 안 된다고 말하는 것은 나 스스로를 존중한다는 뜻을 담고 있다. 부당한 요구로부터 나를 지키는 것이다.

사람들은 분명하지만 정중하게 "아니오"라고 말하는 사람들을 더 좋아한다. 거절을 못 하고 계속 들어주는 사람은 상대방으로 하여금 '억지로 마지못해 허락한 게 아닐까' 하는 의구심이 들게 만든다. 그런데 거절을 잘 하는 사람이 부탁을 들어주면 흔쾌히 받아주었다고 느끼고 진심으로 고맙다는 생각을 하게 된다. 그래서 거절을 잘할수록 인간관계도 더 좋아질 수밖에 없다.

당신이 만약 아직도 혼자의 힘으로는 아무것도 할 수 없는 갓난아이처럼 버림받음에 대한 두려움이 크다면 한번 생각해 보라. 당신은 더 이상 무력한 어린아이가 아니다. 당신은 이제 어른이고 충분히 스스로를 지킬 수 있는 힘이 있다. 그러니 벌벌 떨 필요가 없다. 사랑받기 위해서 무엇이든 최선을 다해야만 한다는 생각으로 늘 전전긍긍했던 당신에게 필요한 것은 이제 그만 불필요한 노력을 멈추는 것이다. 그동안 남의 무리한 부탁을 들어주느라 미뤄 두었던 일들을 하나씩 해 나가라. 당신이 정말 하고 싶었던 일들을 하는 데 더 집중하라는 말이다. 당신이 그토록 갈망하던 것은 있는 그대로 사랑받는 일, 그 이상도 이하도 아니다. 이제 그 사랑을 당신 자신에게 주라.

당신은 친한 친구에게 얼마나  빌려줄 수 있는가?

　퇴근 시간을 셈하며 한창 지루한 오후를 보내고 있던 지수 씨에게 한 통의 전화가 걸려 왔다. 휴대전화 너머로 울먹이는 목소리의 주인공은 그녀의 가장 친한 친구인 성희 씨였다. 남편 회사 부도를 당장 막아야 하는데 3천만 원만 빌려줄 수 없겠냐는 얘기였다. 회사에서 진행 중인 계약이 성사되면 한 달 안에 바로 돈을 돌려주겠다고 했다. 얼마 전에 탄 적금이 있지 않냐면서 말이다. 망설이던 지수 씨는 친구의 다급한 상황을 모른 체할 수가 없어서 돈을 빌려주었다.

　하지만 곧 성사될 거라던 계약은 엎어지고 돈을 갚겠다던 날짜는 계속 미뤄져 4개월이 지났다. 어려운 사정은 알겠지만 자신도 그 돈으로 결혼을 해야 했기에 지수 씨는 어쩔 수 없이 전화를 걸었다. 그런데 친구는 계속해서 시간을 더 달라고만 했다. 친구 사이가 어느 순간 돈을 갚으라고 독촉하는 채권자와 조금만 더 봐 달라는 채무자의 관계로 변질되어 버린 듯해서 지수 씨는 너무 속상했다. 또 피치 못할 사정이라도 그렇지, 결혼식을 치러야 한다는데 돈을 돌려주지 않는 친구가 원망스러웠다.

사람들은 때로 서로 얼마나 친한 사이인지를 궁금해하며 돈 얘기를 꺼낸다. "친한 친구가 돈을 빌려 달라고 하면 얼마나 빌려줄 수 있어?" 그러면 고민하며 각자 자신이 생각한 액수를 얘기한다. 나는 그런 얘기를 들을 때마다 걱정이 앞선다. 돈을 인간관계와 결부시키는 것이야말로 매우 위험한 일이기 때문이다. 지수 씨와 성희 씨는 3천만 원이라는 돈으로 인해 갑자기 사이가 멀어졌다. 그런데도 3천만 원이 친한 친구 사이라는 증거가 될 수 있을까? 그것이 천만 원이나 5백만 원이었다면 친구가 아닌 걸까?

사람들은 돈에 대해 이중적인 태도를 보인다. 돈을 많이 번 부자를 부러워하면서도 한편으로는 부자를 헐뜯지 못해 안달한다. 자본주의 사회에서 돈이 해결하지 못하는 문제는 거의 없다. 돈이 없으면 우선 생존이 불가능하고, 돈이 있어야 사람 구실을 하고 살 수 있으며, 돈을 많이 가진 사람은 남의 인생까지도 좌지우지할 수 있는 막강한 힘을 얻게 된다. 돈 자체가 우리들의 인생에 미치는 영향이 너무나 큰 것이다. 그래서 미국의 시인 칼 샌드버그는 "돈은 자유, 지위, 모든 죄악의 뿌리, 행복의 합계다"라는 말을 하기도 했다.

나는 지금껏 돈을 얼마큼 벌어야지 하는 삶의 목표를 세워본 적이 없다. 대신 돈에 휘둘리는 삶을 살고 싶지는 않았다. 돈이 많았던 건 아니다. 가난한 남편과 결혼하다 보니 처음에는 친정에 3년 동안 얹혀 살 정도로 돈이 없었고, 시부모님을 모시고 두 아이를 키우면서부터는 맞벌이를 하지 않으면 안되었다. 다행히 허리띠를 졸라매며 둘 다 열심히 일해서 운 좋게 집을 마련할 수 있었고 그다음부터 조금씩 숨통이 트였다. 그래서였을까. 의사인 남편이 병원을 개업하겠다고 했을 때 나는 반대했다. "돈이 좋았으면 당신과 결혼 안 했지." 하던 대로 열심히 살아도 앞으로 노후 걱정 없이 원하는 일을 하면서 살 수 있는데, 무리해서 개업하는 게 아닌가 싶어 걱정되었다. 모든 사업이 그렇듯 성공이 보장돼 있는 것도 아니고, 혹시 잘못돼서 돈에 휘둘리는 삶을 살게 될까 봐 불안했던 것이다.

하지만 내가 파킨슨병에 걸렸다는 사실을 알게 되면서 치료비 마련 때문에라도 더 이상 개업을 말릴 수가 없게 되었다. 그 대신 남편이 병원을 확장하는 과정에서 배신을 당해 돈을 날리는 모습을 수차례 봐야만 했다. 그런 과정들을 겪으며 나는 돈이 사람을 어느 만큼 휘두를 수 있는지 똑똑히 목격했다. 돈

앞에서 사람들이 얼마나 간사해지고 비굴해질 수 있는지, 돈이 없으면 얼마나 서러운지, 돈이 인간관계를 얼마나 쉽게 깨트릴 수 있는지를 알게 된 것이다.

자본주의 사회에서 살아가려면 돈은 중요하다. 그러나 돈이 있든 없든 돈에 휘둘리는 삶을 살고 싶지 않다는 생각은 여전하다. 너도나도 대학교에 들어가면 학자금 대출부터 받는 세상에서 결혼하려면 최소 3천만 원이 필요하고, 한 자녀를 키우려면 3억이 들며, 은퇴해서 부부가 사는 데는 최소한 4억이 필요하다는 말을 들을 때마다 움츠러드는 사람들이 많다. 필요한 돈에 비해 내가 가진 돈은 한없이 부족한 게 현실이기 때문이다. 하지만 그럴수록 돈에 대한 기준을 명확히 세워 두어야한다. 돈이 있든 없든 내가 어떤 삶을 살겠다는 생각이 있어야 돈에 끌려다니지 않을 수 있다는 말이다. 3억이 들어도 자녀를 키우고 싶은 사람이 있고, 4억이 없어도 행복한 부부가 있다. 반면에 10억을 가지고 있어도 자녀를 낳고 싶지 않은 사람이 있고, 100억을 가지고 있어도 불행한 부부가 있다.

돈에 휘둘리지 않는 삶을 살기 위해서는 중요한 것들이 몇가지 있는데 우선 경제적 독립은 필수다. 내가 쓰는 돈은 내가 벌어 쓰는 사람이 되어야 한다는 의미다. 누군가에게 전적으로 의존해서 살면 상대방에게 예속됨은 불가피하다. 그가 나에게 어떤 부당한 대우를 해도 그에 반항할 수 없게 된다. 그를 벗어나면 살 수 없기 때문에 내 자유와 권리를 모두 빼앗긴 채 그의 뜻에 맞춰 살게 되는 것이다. 오랜 세월 전업주부들은 직접 돈을 벌지 못한다는 이유에서 남편에게 예속된 삶을 살았다. 그러나 주부들은 가정을 이끄는 공동 책임자로서 아이를 키우고 살림을 꾸린다. 그녀들은 당당하게 자기 몫을 요구해야 하고, 자신의 권리를 충분히 누려야 한다.

그런 의미에서 나이 든 부모들이 형편이 어려운 자녀에게 재산을 모두 내주는 것도 매우 위험하다. 부모들은 돈을 다 주었으니 당연히 자녀가 우리를 돌보겠지 싶지만, 자녀는 부모를 돌보지 않는다. 하물며 대문호 셰익스피어는 "아비가 누더기를 걸치면 자식은 모른 체하지만 아비가 돈주머니를 차고 있으면 자식은 모두 효자다"라는 말을 남기기도 했다. 설령 자녀가 나이 든 부모를 돌볼 마음이 있다 하더라도 상황이 여의치 않을 수 있다. 그러므로 자녀에게 돈을 내주더라도 부부가 살 만큼은 꼭 남겨 두어야 한다.

무엇보다 돈에 휘둘리지 않는 삶을 살고 싶다면 돈을 빌리지도, 빌려주지도 말아야 한다. 안 그러면 앞의 지수 씨처럼 돈과 친구를 둘 다 잃는 경우가 발생할 수도 있다. 그러나 살다 보면 여의치 않은 상황에 처해 급하게 돈을 꿔 달라는 사람들을 만나게 마련이다. 그럴 때는 얼마나 빌려줄 수 있을지를 고민하기 전에, 빌려주고 나서 못 받아도 타격을 받지 않을 액수가 얼마인지부터 따져 봐야 한다. 애초에 친구를 위해 손해 봐도 괜찮은 정도의 돈만 빌려주라는 얘기다. 돈을 받지 못할 각오를 하고 줘야지 나중에 상황이 악화되어도 관계가 틀어지는 것을 막을 수 있다. 만약에 자신이 원하는 만큼의 돈을 빌려주지 않는다고 우리 사이가 이 정도밖에 안 되냐고 상대방이 원망해도 절대 흔들리면 안 된다. 정말 친한 친구라면 그런 희생을 일방적으로 강요하지 않을 테니 말이다.

화를 내고 후회하지 않으려면

　현대사회에서 심리학이 대중화되고 확산하면서 자칫 오해를 불러일으킬 만한 이야기들도 같이 떠돌고 있다. 대표적인 것이 감정 표현에 대한 잘못된 생각이다. "화를 참으면 병이 된다, 화가 나면 화를 내라, 어떻게든 감정을 표현해라"라는 말이 바로 그것이다.

　왜곡된 심리학 지식을 받아들인 사람들은 화나게 만드는 이에게 화를 내는 것이야말로 자신의 권리를 되찾는 것인 양 떠들어 댄다. 게다가 현대사회는 사람들로 하여금 인생은 한 번뿐이니 오늘을 마음껏 즐기라고, 마음 가는 대로 살라고 부추긴다. 그러지 못하면 나중에 후회한다고 사람들에게 잔뜩 겁을 주는 것이다.

분노가 당신과 나 사이를 멀어지게 만드는 법

그러나 화가 난다고 해서 있는 그대로 그 감정을 폭발시키는 것은 매우 위험한 일이다. 화는 그 어떤 기대나 욕구가 충족되지 않았을 때 생기는 통제 불가능한 반응을 가리킨다. 여기서 핵심어는 '통제 불능'이다. 그만큼 화는 눈앞에 보이는 모든 것을 순식간에 태워 버릴 정도로 가공할 만한 힘을 가지고 있다. 분노조절장애를 겪고 있던 한 환자는 너무 화가 난 나머지 고속도로에서 달리고 있는 자동차 문을 열고 그냥 뛰어내리기도 했다. 운전하는 아버지와 싸우다가 끓어오르는 화를 주체하지 못해 충동적으로 그런 일을 저지른 것이다.

누구나 화가 날 수는 있다. 화는 기쁨이나 슬픔처럼 지극히 자연스러운 감정이다. 그러므로 분노를 인격 수양이 덜 된 사람이나 느끼는 감정으로 여겨 수치스러워하거나 피할 이유는 없다. 모든 감정은 내 마음이 나에게 보내는 신호다. 그러므로 화가 나면 '왜 이렇게 화가 나는 거지?'라며 내 마음을 들여다볼 수 있어야 한다.

하지만 화나는 감정을 말로 표현하고 행동으로 옮기는 것은 다른 문제다. 끓어오르는 화는 순식간에 나를 통제 불능 상태로 만들기 때문에 그대로 폭발시켰다가는 상대뿐만 아니라 나자신까지 다치게 만들 뿐이다. 또 분노는 분노를 낳는다. 누구나 공격을 당하면 이성적으로 대응하기 어려워진다. 결국 서로 브레이크 없이 미친 듯이 싸우다가 "다시는 보지 말자"는 말을 하기에 이른다. 그동안 쌓아 온 소중한 인간관계가 한 번의 분노로 허무하게 끝나 버리는 것이다.

왜 나는 사소한 일에도 자꾸만 화가 나는 걸까?

사람은 자신을 특별하고 귀하고 착한 사람이라고 생각하는 경향이 있다. 만약 그런 자신의 이미지에 누군가 타격을 입히면 분노의 감정이 일어나는데 그것을 '자기애적 분노'라고 한다. 타인이 나의 성취를 깎아내리거나, 나를 나쁘게 말하거나, 원하는 사랑을 주지 않을 때 '네가 뭔데 나를 무시해?'라며 화를 내는 것이다. 그런데 자존감이 약한 사람은 아주 사소한 일에도 상처를 받아 불같이 화를 낸다. 눈이 나빠 미처 못 보고 지나쳤을 뿐인데 인사도 안 하고 무시했다며 화를 내고, 회의 중이라 전화를 못 받았을 뿐인데 일부러 피한다고 화를 낸다. 상대방이 고의로 그런 게 아닌데도 열등감에 휩싸여 상황을 제대로 보지 못하는 것이다.

그럴 때는 혹시 이 상황이 내가 원하는 대로 흘러가야만 한다고 고집하는 건 아닌지 돌아볼 필요가 있다. 세상은 원래 내 뜻대로 되지 않는 법이다. 그런데도 화가 나는 것은 상대방에게 무언가를 기대했기 때문인데, 모든 사람에게는 자신의 방식대로 행동할 권리가 있다. 그래서 단지 내 마음에 안 든다는 이유로, 내 눈에 거슬린다는 이유로 벌컥 화를 내며 상대방을 바꾸려고 해 봐야 그는 바뀌지 않는다. 오히려 관계만 나빠질 뿐이다. 게다가 그 상황에서 상대방에게 무시당한다고 생각해서 상처를 입는 것은 바로 나 자신이다. 그러므로 화가 날 때는 절대 바뀌지 않을 부분에 대해 화를 내고 있는 건 아닌지 생각해 봐야 한다. 그래야 상대방이 마음에 안 드는 행동을 해도 이성을 잃지 않을 수 있으며 상황을 객관적으로 바라볼 수 있게 된다.

화를 잘 다스릴 줄 아는 사람이 인간관계도 좋다

화가 났는가? 그럴 때는 감정을 통제하기가 매우 어렵기 때문에 무엇보다 먼저 화를 누그러뜨려야 한다. 갈등 상황에서 잠시 물러나 산책을 하거나 좋아하는 음악을 듣거나 하면서 마음을 가라앉히는 것이다. 스스로 화를 진정시키는 법을 익히게 되면 이후의 상황에서도 흥분하지 않고 문제를 잘 해결해 나갈 수 있다는 자신감을 얻게 된다.

그런 다음에는 무엇이 자신을 화나게 했고, 어떻게 하는 것이 그 문제를 풀 수 있는 가장 좋은 방법인지를 찬찬히 생각해 봐야 한다. 왜냐하면 상대방이 아무리 나를 화나게 만들었어도 내가 그에게 아무렇게나 화낼 권리는 없기 때문이다. 고대 그리스의 철학자 아리스토텔레스가 말했다. "누구든지 화를 낼 수 있다. 그것은 쉬운 일이다. 그러나 올바른 대상에게, 올바른 정도로, 올바른 시간에, 올바른 목적으로, 올바른 방식으로 화를 내는 것은 쉬운 일이 아니다."

그처럼 시간이 걸리더라도 올바른 방법을 찾아야 하는 이유는, 결국 내가 원하는 것은 그와 관계를 끊는 것이 아니라 앞으로도 관계를 잘 유지해 나가는 일이기 때문이다. 그러기 위해서는 내가 왜 화가 났는지, 무엇이 부당하다고 생각하는지에 대해 최대한 상대를 존중하며 이야기해야 한다. 이때 나를 화나게 하는 말이나 행동에만 초점을 맞추어 "당신은 그랬어야 했어(should)"라는 식의 비판보다는 "당신이 그랬으면 좋았을 텐데(wish)"라는 표현을 사용하면 좋다. 예를 들어 "당신이 나를 더 도와줬어야 했어"라는 비판의 말 대신 "당신이 나를 더 많이 도와주면 좋았을 텐데"라는 소원의 말을 하는 것이다. 그러면 상대방의 마음을 상하지 않게 하면서도 내가 원하는 것을 부드럽게 잘 전달할 수 있다. 한계를 정하는 것도 좋은 방법이다. 상대방의 말이나 행동에 내가 참을 수 없는 부분이

있다면 그것을 상대방에게 얘기하고 되도록 하지 말아 달라고
부탁해야 한다. 상대방은 절대 알아서 바뀌지 않기 때문이다.

　이처럼 화를 잘 다스리면서 문제를 풀어 가는 법을 배우게
되면 싸우더라도 극단으로 치닫지 않고, 더 나은 선택을 할 수
있다는 자신감이 생기면서 둘의 관계도 더 돈독해질 것이다.

타인의 기대를 만족시키기 위해 사는 삶을 당장 멈추어라

지금은 국립정신건강센터로 이름이 바뀐 국립정신병원에서 근무할 때의 일이다. 하루는 한 후배가 나를 보더니 무척 반가운 얼굴로 달려왔다. 무슨 일인가 싶었는데 자기가 맡은 환자의 상태가 매우 좋아졌단다. 잔뜩 칭찬을 기대하는 그녀에게 나는 이렇게 말했다.

"너무 좋아하지 마. 올라간 비행기는 떨어지게 되어 있어."

그러자 후배는 왜 그런 말을 하냐며 입을 삐죽였다. 그런데 웬걸, 얼마 뒤 환자의 증세가 급격하게 나빠졌고 후배는 그 사실이 믿기지 않는 듯 괴로워했다.

정신분석 치료에 입문한 의사들이 대부분 거쳐 가는 과정이 하나 있다. 바로 '구원 환상'에 빠지는 일이다. 구원 환상이란 의사인 내가 열심히 치료하면 그만큼 환자가 좋아지고 결국에는 나을 것이라는 믿음이다. 나도 그 후배와 같은 상황에 처한 적이 있었다. '내가 이렇게 열심히 치료하는데 왜 환자가 안 좋아지는 걸까? 나에게 문제가 있는 걸까?' 자책하던 나는 선배 의사에게 고민을 털어놓았다.

"김 선생, 당신처럼 이야기를 열심히 들어주는 사람이 과연 그 환자 인생에 또 있었을까요? 없었기 때문에 여기에서 당신을 만난 걸 거예요. 그걸로 충분합니다. 환자를 당신 뜻대로 할 수 있다고 생각하지 말아요. 당신이 아무리 최선을 다한다 해도 결과는 환자의 몫이에요."

나는 그때 비로소 깨달았다. 의사 마음대로 환자를 바꿀 수는 없다. 의사가 아무리 노력해도 환자가 낫고 싶다는 의지를 품고 스스로 움직이지 않으면 아무 소용이 없는 것이다. 나는 그 다음부터 후배들에게도 말했다. 환자를 피그말리온처럼 생각해 마음대로 조각하려 하지 말라고. 정신분석 치료의 목표는 환자의 고통을 최대한 경감시키는 데 있는 것이지, 환자를 개조하는 데 있지 않다고.

생각해 보라. 누군가가 도와준다면서 "너는 이게 틀렸고 이걸 바꿔야 해"라고 하면 오히려 반발심이 일지 않을까? 아무리 상대방을 위한 일이라고 해도 상대방에게는 그것을 따를지 말지 선택할 결정권이 있고 우리는 그것을 존중해야만 한다.

대인관계도 마찬가지다. 내가 사랑을 퍼 준다고 해서 그가 나를 사랑하는 것은 아니다. 아무리 최선을 다해도 그가 나를 사랑하지 않을 수 있다. 어쩔 수 없는 일이다. 아이도 내가 원하는 대로 크지 않을 수 있다. 그것 또한 어쩔 수 없는 일이다. 그런데 사랑하니까 내가 원하는 대로 상대방이 움직여 주기를 바라면, 내 기대를 상대방이 모두 충족시켜 주기를 바라면 그 때부터 문제가 발생한다. 은연중에 상대방은 기대를 충족시켜야 한다는 부담감에 짓눌려 자신의 뜻과 상관없이 움직이게 되기 때문이다.

어느 날 우연히 〈영재발굴단〉이라는 텔레비전 프로그램을 보는데 한 아이가 내 눈길을 끌었다. 문제집이나 학습지 푸는 걸 매우 좋아한다는 아이는 피디가 퀴즈를 냈는데 모르는 문제가 나오자 얼굴을 찡그리며 괴로워하다 불쑥 방 장롱 안에 들어가 버렸다. 뭐가 괴로운 건지 아이는 장롱에 쿵쿵 머리를 박았다. 엄마가 달래고 피디가 그 이유를 물어도 아이는 장롱에서 나오려 하지 않았다. 보다 못해 엄마는 아이를 정신과 전문의에게 데려갔고, 의사가 "네가 공부를 잘한다고 하던데 자랑 좀 해 봐. 어떤 거 잘해?"라고 묻자 아이는 "곱셈도 할 수 있고 혼합계산도 할 수 있는데 더하기 하고 빼기 합쳐져 있는 것밖에 못해요"라고 답했다. 여섯 살이 곱셈을 할 줄 안다면 자랑하기 바쁠 텐데 왜 그것밖에 못한다고 답한 걸까? 의사가 그 이유를 묻자 아이는 이렇게 말했다.

"더 대단한 거 해야 한다고 생각해요."

"무엇 때문에 더 대단한 걸 하고 싶어? 지금도 훌륭한데?"

"사람들한테 잘하는 걸 보여 주고 싶어요."

잘하는 걸 보여 주고 싶은데 그러지 못할까 봐 먼저 걱정하는 아이. 아이는 혹시라도 문제를 틀리면 똑똑한 아이라는 엄마와 사람들의 기대에 부응하지 못할까 봐 두려워했다. 의사가 학습지 푸는 게 정말 재미있냐고 물으니까 아이는 "나는 안 하고 싶은데 엄마가 실망한다고요. 실망한다고요" 그렇게 두 번이나 반복해서 말했다. 실망이라는 말의 뜻을 아냐고 묻자 고민하던 아이는 이렇게 답했다. "예를 들어서 해 볼게요. 어떤 사람이 어떤 사람하고 밤 아홉 시에 만나자고 약속했어요. 그런데 그중 한 사람이 오랫동안 안 나와서 속상하고 그런 거요." 의사가 얘기를 더 하자며 다가가자 아이는 뒤돌아서서 창문을 바라보며 눈물을 훔쳤다. 엄마를 실망시키고 싶지 않았던 아이는 의사가 "나는 네가 문제를 맞히는 것보다 네 기분이 좋은지가 더 궁금해"라고 하자 결국 펑펑 울어 버렸다.

엄마가 공부하라고 아이를 다그친 것은 아니었다. 하지만 문제를 잘 맞히면 좋아했고, 사람들이 아이를 칭찬하면 행복해했다. 그럴수록 아이는 엄마와는 반대로 문제를 틀리면 안 된다는 강박관념을 키워 갔다. 문제 풀이를 좋아한다며 웃는 아이는 속으로는 엄마가 자기에게 실망할까 봐 늘 두려움에 떨고 있었던 것이다.

적정한 기대는 기분 좋은 성취의 원동력이 되기도 하지만, 너무 큰 기대는 잘해야 한다는 부담감만을 주어서 오히려 옴짝달싹 못 하게 만든다. 좋아하든 좋아하지 않든, 오로지 상대방을 기쁘게 하기 위해서 그 일을 하게 되는 것이다. 겨우 문제 하나 못 풀었다고 장롱 안으로 들어가 머리를 박는 아이가 괜히 나오는 게 아니다.

그런데 문제는 '어느 정도 기대를 하는 게 적당한가' 하는 점이다. 우리가 누군가에게 무언가를 기대한다는 건, 그만큼 그 사람을 가깝다고 느끼거나 그 사람과 더 가까워지고 싶기 때문이다. 그래서 무의식중에 '내가 이렇게 행동하면 그 사람도 기뻐할 거야' 하는 기대를 품는다. 그러나 기대가 크면 실망도 큰 법. 그가 기대만큼 좋아하지 않으면 "내가 누구 때문에 이렇게 했는데" 하는 실망의 말을 내뱉는다. 이처럼 부푼 기대가 사람을 힘들게 한다는 걸 알면서도 정작 우리 자신은 그것을 심각하게 받아들이지 않는 경향이 있다. 자신이 품는 기대는 늘 적당한 선이라고 생각하는 것이다. 그러나 그럴수록 상대방이 그 기대를 원하는가를 먼저 생각해 봐야 한다.

텔레비전에 나온 아이는 문제집을 푸는 걸 좋아하지 않았지만 엄마 때문에 문제를 풀어 왔다. 엄마의 입장에서 보자면 아이에게 공부하라고 강요한 적이 없는데 문제를 잘 푸니까 그저 내버려 둔 것이다. 물론 속으로는 공부를 잘해서 좋은 대학에 들어가면 아이에게 도움이 될 거라고 생각했을 것이다. 아닌 척해도 결과적으로 아이의 인생을 자기 뜻대로 계획하고 그것이 좋다고 결론지었던 것이다. 그래서 아이에게 "싫으면 안 풀어도 돼"라는 말을 하지 않았고, 아이의 기분이 어떤지를 묻지 않았다. 결국 엄마는 뼈아프게도 여섯 살 아이가 강박관념에 시달리도록 방치하고 말았다.

내가 원하는 걸 사랑하는 사람도 원할 거라는 생각은 명백한 오산이다. 그러므로 암묵적으로라도 상대방에게 내가 원하는 대로 움직여 달라고 강요해서는 절대 안 된다. 더불어 상대방이 내 기대에 못 미쳤을 때 실망할 수는 있지만, 그렇다고 상대방을 원망해서도 안 된다. 그것은 내 힘으로는 어쩔 수 없는 일로 받아들여야 한다는 뜻이다. 그것이 상대방을 진정으로 존중하는 방법이다.

어떤 상황에서도 기대보다 상대방에 대한 존중이 먼저다. 자기가 원하는 삶이 아닌 누군가의 기대를 충족시키기 위해 사는 삶은 불행하다는 사실을 결코 잊어서는 안 된다.

과거가 불행하다고 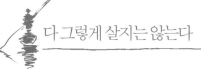 다 그렇게 살지는 않는다

　진료하다 보면 내 앞의 환자가 마치 우주복을 입고 있는 듯한 느낌을 받곤 했다. 어린 시절에 받은 상처가 너무 커서 그 아픔을 견딜 수 없었던 그들은 조그만 상처에도 예민하게 반응한다. 그래서 위험한 현실로부터 자신을 보호하기 위해 우주복을 입는다. 외부의 자극을 차단하는 우주복 안에서 비로소 안도감을 느끼는 것이다.

　그런데 안타깝게도 우주복과 연결된 산소통은 과거의 시간으로 가득 차 있다. 그래서 환자들은 현실에 있지만 과거의 시간을 마시면서 과거의 상처 속에서 살아간다. 더 이상 상처 입지 않기 위해 우주복을 입었지만 정작 상처를 벗어나지는 못하는 것이다. 그럼에도 그들은 우주복을 벗고 현실과 마주할

용기를 내지 못한다. 남들이 아무리 괜찮다고 말해도 그들이 생각하는 바깥세상은 온통 위험으로 가득 차 있기 때문이다.

어떤 환자들은 우주복을 입는 대신 과거의 기억을 지워 버린다. 감당하기엔 너무 크고 아픈 상처라서 그 고통에서 벗어나고자 아예 기억을 지우는 것이다. 그들은 행복하지 않았던 어린 시절을 지운 채 "우리 집은 화목했다"고 말하기도 한다. 기억을 왜곡시켜 버리는 것이다. 그럼에도 과거의 상처는 그대로 남아 있다. 이처럼 해결되지 못한 과거의 고통스러운 기억은 마음속에서 곪게 되고 언젠가는 어떤 형태로든 터져 나와 우리를 괴롭힌다. 해결되지 않은 과거가 '미해결된 경험'으로 남아 현재를 좀먹는 것이다.

분명 어린아이는 아무 힘이 없다. 아버지에게 매 맞는 어머니를 지킬 수 없고, 아들이 아니라는 이유로 차갑게 외면을 받아도 어머니를 붙잡고 애원하는 수밖에 없고, 자그마한 실수조차 허용하지 않는 아버지 밑에서 벌벌 떨며 자랄 수밖에 없다. 하지만 어른이 되면 얘기가 다르다. 화가 나면 뭐든 때려부수는 아버지를 힘으로 제압할 수도 있고, 딸이라고 차별대우하는 어머니 앞에서 독립을 선언할 수도 있다. 무력해서 당하기만 했던 어린 시절과는 완전히 다르다. 어른은 누구의 힘을 빌리지 않더라도 스스로를 충분히 보호할 수 있다. 만약 힘이 모자라면 다른 사람들에게 도움을 구하거나, 하다못해 튼

튼한 두 발로 있는 힘껏 도망가면 된다. 더 이상 부모 없이는 아무것도 못 하는 무력한 존재가 아니기 때문이다.

그런데 안타깝게도 나를 찾아오는 환자들은 어른이 된 자신을 보려 하지 않는다. 어린 시절의 상처를 아무도 보듬어 주지 않았다는 이유로 마음 안으로 꼭꼭 숨은 채 그 시절의 어린아이로 남는다. 결국 더 이상 자라지 않고 발달조차 멈추어 버린다. 물론 그 아이도 고통에서 벗어나고자 끊임없이 노력한다. 그래서 과거 상황으로 돌아가 상처받았던 일을 아예 무효화시키려고 하거나, 그 상황을 다르게 재현함으로써 상처를 극복하려고 애쓴다. 하지만 그 아이는 여전히 과거에 자신이 했던 방식대로만 일을 해결하려고 들기 때문에 문제는 풀리지 않고 고통만 가중되게 된다. 우리가 과거의 고통을 자신도 모르게 자꾸 반복하는 이유가 거기에 있다.

비슷한 유형의 사람하고만 사랑에 빠지고, 관계에서 비슷한 실수를 반복하고, 좋아하는 사람이 다가와도 먼저 밀어내 버리는 현상이 반복되면 왜 그런지를 곰곰이 생각해 봐야 한다. 표면적으로는 여러 가지 이유를 들 수 있겠지만, 핵심적인 원인은 마음속 상처 입은 아이다. 그렇다면 마냥 '다른 사람을 만나면 괜찮을 거야'라고 헛된 기대를 반복할 게 아니라, 그 아이가 어디가 아팠는지 얘기할 수 있도록 돕고 상처에는 약을 발라 주어야 한다. 그래야 과거의 상처로부터 벗어나 그렇게나 바라던 사랑을 마음껏 주고받을 수 있다. 과거의 상처 때문에 사랑과 행복을 모두 놓친다면 너무 억울하지 않겠는가.

불행했든 행복했든 과거는 과거일 뿐이다. 과거의 누군가가 당신에게 큰 상처를 입혔다고 해서 현재의 당신이 꼭 불행하란 법은 없다. 과거에는 불행했지만 그 과거를 잘 떠나보내고 좋은 사람들과 함께 현재를 잘 가꾸는 사람도 많다. 과거가 불행했다고 다 불행한 현재를 사는 건 아니라는 말이다. 그러므로 상처를 준 그 사람을 원망하면서 문제의 모든 원인을 그 사람에게로 돌리는 것은 어리석은 일이다. 그래 봐야 그 사람은 바뀌지 않을 테니까. 그로 인해 더 상처 입는 건 당신일 테니까 말이다. 당신이 지금 해야 할 일은 우주복을 벗고 과거의 상처를 직면하는 것이다.

한 환자가 자신의 상처를 마주하고 스스로 치유해 가던 어느 날 나에게 문득 그런 말을 했다. 자기네 집에서 버스 정류장까지 10분밖에 안 걸린다고. 예전에는 한 시간 넘게 걸리는 줄 알았단다. 어린 시절 사람들에게 늘 놀림을 당했던 그는 밖에 나가면 또 놀림을 당할까 봐 겁이 나서 길거리를 지나가는 것 자체를 무서워했다. 10분이라는 짧은 시간을 한 시간처럼 느낄 만큼 그 시간이 너무 끔찍했던 것이다. 과거의 상처는 어쩌면 그의 얘기처럼 10분일 수 있다. 그 말을 하면서 환하게 웃던 그의 모습이 여전히 생생하다.

타인에게 함부로
당신을 평가할 권리를 주지 마라

"형이나 누나처럼 잘할 수는 없니?"

"내 친구 아들은 성격도 능력도 좋아서 회사에서 잘나간다 던데, 너는 왜 그 모양이니?"

삶은 불공평하다. 애초에 좋은 조건에서 태어나는 사람이 너무나 많다. 그런데 우리를 더 힘들게 하는 것은 아주 가까이 에 있는 '잘난 사람'들이다. 나보다 공부도 운동도 잘하는 형 제나 자매, 말썽 하나 안 부리고 능력도 뛰어난 엄마 친구 자 식들 때문에 우리는 늘 열등생이 되고 만다. 이처럼 비교는 사 람을 위축되고 우울하게 만든다. 사람들이 비교를 싫어한다고 말하는 이유다.

그런데도 왜 사람들은 비교를 멈추지 않는 걸까? 끝없이 남들과 비교하는 심리는 조금이라도 다른 사람보다 우위에 서고 싶은 마음에 근거한다. 그럼으로써 남들보다 더 사랑받고 인정받고 있음을 확인하고 싶은 것이다.

그런 면에서 볼 때 비교 심리는 거의 본능이라고 볼 수 있다. 갓난아기는 자기 힘으로 아무것도 못 하지만, 언니 오빠는 키도 크고 웬만한 일은 자기 마음대로 할 수 있다. 그래서 아기는 언니 오빠를 본능적으로 시기하고 질투한다. 거꾸로 동생을 본 첫째도 마찬가지다. 갑자기 태어난 동생이 엄마의 품과 젖을 빼앗고 온 가족의 사랑과 관심을 앗아 간다. 그러니 얼마나 동생이 밉겠는가. 그때부터 시작된 비교는 사는 내내 끊임없이 우리를 시험한다.

그런데 문제는 비교가 싫다고 말하면서도 삶의 목표를 정함에 있어 비교를 당연하게 생각한다는 데 있다. "그래도 기왕이면 남보다 잘한다는 말을 듣고 싶은 게 당연한 거 아냐?", "자존심 상하게 남보다 못한다는 말은 절대 듣고 싶지 않아"라며 어떻게든 비교 우위에 서서 우월감을 느끼려고 하는 것이다.

한번 우월감을 맛본 사람들은 어느 순간 비교의 늪에 빠져 버린다. 자신이 얼마나 대단한지를 다른 사람들에게 보여 주는 것이 자신의 가치를 입증하는 유일한 길이라고 믿게 되는 것이다. "내가 얼마나 대단한지 이제 알겠어?"라고 으스대고 싶은 그들에게 타인은 그저 경쟁 상대이자 잘난 자신에게 박

수를 쳐 줄 관중일 뿐이다. 그러면서 그들은 말한다. 다른 사람들도 다 자기처럼 생각할 것이라고.

비교가 몸에 배어 있어 아주 사소한 것까지도 타인과 경쟁하며 아무것도 아닌 일에도 일희일비하는 사람들. 그들은 비교가 아주 당연하다고 말하지만 정작 자존감이 높은 사람들은 그렇게 생각하지 않는다. 그들은 우선 타인을 이기는 것을 삶의 목표로 삼지 않는다. 그들에게 비교란 그저 일의 결과일 뿐이다. 그리고 자신이 정한 삶의 목표를 따라 살기도 바쁘기 때문에 왜 비교에 목숨을 거는지 이해하지 못한다. 비교하는 데 에너지를 쓰는 것이 자기 삶에 아무 도움이 되지 않는다고 생각하기 때문이다. 게다가 그들에게 타인은 언제든 믿고 협력할 수 있는 상대다. 이겨야 하고, 끝내 짓밟아야 하는 대상이 아니다. 그러므로 모든 사람이 비교에 목숨을 거는 것은 결코 아니다.

그런 면에서 보자면 아주 사소한 것까지도 타인과 비교하고, 아무것도 아닌 것에 일희일비하는 사람들은 내적으로 자존감이 낮고 열등감이 큰 사람일 확률이 높다. 그래서 자신이 괜찮은 사람, 사랑받아 마땅한 사람이라는 사실을 끊임없이 남과의 비교를 통해 확인하려 드는 것이다. 그런데 비교를 하면 할수록 내 삶은 우울하기 그지없다. 우월감을 계속 유지하고 싶은데 금세 나를 앞서가는 사람들이 등장해 나에게 온전히 쏟아져야 할 관심을 빼앗아가기 때문이다. 그처럼 비교의 늪에 빠지면 어떻게든 그 관심을 다시 자기에게 돌리는 게 급선무가 되어 잘하는 것에만 매달리게 된다. 금방 결과가 나오지 않는 일, 더 노력해야 하는 일 등은 시도조차 하지 않게 된다. 게다가 비교는 열등감을 부추긴다. 안 그래도 자존감이 낮은데 비교할수록 부족한 부분이 더 크게 보이니 심한 열등감과 자기 비하에 빠져든다. 그래서 비교의 늪에 빠지는 것은 매우 위험하다. 정신분석학자 알프레드 아들러는 이렇게 말했다. "스스로를 낮게 평가하는 사람은 끊임없이 다른 사람과 비교하고, 이를 통해 자신이 더 형편없다고 느끼게 된다."

비교의 늪에 빠진 사람들은 성공을 해도 기뻐하기는커녕 다음에 성공을 못 할까 봐 걱정하고 괴로워한다. '이번에 1등을 했는데 다음에 1등을 못 하면 어떡하지?' 하는 심정이다. 그들은 높은 국어 시험 성적보다 낮은 수학 점수를 더 심각하게 생각하고, 잘하는 공부보다 부족한 사교성 때문에 힘들어한다. 아무리 좋은 결과가 나와도 더 높은 이상과 자신을 비교하며 괴로워하는 것이다.

하지만 비교의 늪에 빠져 버린 사람들은 비교를 멈출 방법을 모른다. 비교가 어느새 몸에 배어 무의식중에도 비교를 하고 있기 때문이다. 비교를 멈추기 위해서는 우선 자신의 가치가 남들의 평가에 달려 있다는 생각부터 버려야 한다. 내 가치를 남들이 함부로 정하게 두면 안 된다는 뜻이다. 그리고 누구나 모든 것을 잘하는 건 아니다. 그러므로 너무 높은 기준을 세우고 그것에 맞춰야 한다고 스스로를 다그치지 말아야 한다. 1등을 해도 기뻐하기는커녕 다음을 걱정한다면 그것은 도대체 누구를 위한 1등이란 말인가. 그러니 내게는 없는 것, 남들에게 있는 것만 부러워하고 시기하는 마음을 내려놓고 내가 가진 장점을 들여다보며 그것을 계속 키우려는 노력이 필요하다. 단점을 계속 들여다보고 있으면 자기 비하에 빠져 한 발자국도 앞으로 나아가지 못한다. 대신 장점을 키워 나가다 보면 자신감이 생기고 자존감이 높아지면서 서서히 비교의 늪에서 빠져나오게 된다.

자기 삶에 만족하는 경험이 늘어날수록 비교로 인해 고통받을 일이 적다. 그리고 인생의 목적은 남들보다 우위에 서는 데 있지 않다. 그저 인생을 더 느끼고, 더 즐기고, 행복해지면 그만이다.

왜 당신은 도와달라고 말하기를 꺼리는가

몇 년 전 한 후배가 만나자마자 한숨을 내쉬었다. 마침 다니던 회사를 그만두고 싶었는데 이직 제안을 받자 흔쾌히 받아들였단다. 그런데 회사에 그만두겠다고 말하니까 상사들이 뭐가 힘드냐며 연봉을 높여 주든, 부서를 옮겨 주든 원하는 대로 해 줄 테니 제발 남아 달라고 그녀를 붙잡았다고 한다. 자기가 뭐라고 주위 사람들을 이렇게 힘들게 만드나 싶어 마음이 무거웠던 그녀는 휴가를 내고 친구를 만났다. 혼자 끙끙 앓던 그녀는 조심스럽게 고민을 털어놓았고 친구는 마치 자기 일인 양 들어주었다. 그러다 친구가 "우리 그 문제는 이렇게 해 볼까?"라고 말하는데 갑자기 울컥했단다. 당연히 '혼자' 결정해야 할 문제라고 생각했는데 '우리'라고 얘기해 주니까 매우 고마웠다는 것이다. 나는 후배에게 물었다.

"왜 혼자 결정해야 한다고 생각했어?"

후배는 무슨 그런 당연한 질문을 하느냐는 듯 나를 쳐다봤다. 자기 문제인데 당연히 자기가 결정하는 게 맞지 않느냐는 것이다. 나는 '우리'라는 말 한마디에 울컥할 정도면 그만큼 힘들었다는 얘기인데 그 전까지 왜 아무한테도 그 이야기를 털어놓지 않았느냐고 물었다. 그러자 그녀는 담담하게 다들 사느라 바쁜데 괜히 자기 일로 주위 사람들을 걱정하게 만들고 싶지 않았다고 했다.

사람들이 도와달라는 말을 잘 못하는 이유

현대사회에서 가족은 일찌감치 각자 돈 버느라 뿔뿔이 흩어진 지 오래고, 직장은 우리를 보호하기는커녕 능력이 없으면 알아서 나가라고 눈치를 준다. 그래서 개인은 제각기 알아서 살길을 모색해야만 한다. 절망적인 각자도생(各自圖生)의 시대가 된 것이다. 사람들은 주위 사람들에게 민폐를 끼치는 것을 극도로 혐오한다. 심지어 드라마나 영화에서조차 어느 배역이 '민폐 캐릭터'로 한번 낙인찍히면, 그 작품의 성공은 물 건너갔다고 봐야 한다.

예전에는 여주인공이 위기에 처하면 남자 주인공이 '짠' 하고 나타나서 구해 주었고, 관객들은 그때마다 환호했다. 그러나 요즘은 같은 장면을 놓고도 여주인공이 지금껏 꿔다 놓은 보릿자루처럼 가만히 있더니 괜히 나서서 적에게 붙들려 위기를 초래한다며 '민폐여주'라고 욕을 한다. 남자 주인공에게 의존하는 여주인공을 싫어하는 것이다. 대신 사람들은 매사에 씩씩하고 독립적이며 주체적으로 위기를 타개해 나가는 캐릭터에 열광한다. 그 밑에는 의존을 상당히 나쁘게 보는 시선이 깔려 있다.

사람들은 왜 의존을 나쁘다고 생각할까? 왜 독립적이고 자립적인 사람을 건강하고 바람직한 모델이라고 생각하는 걸까? 남에게 도움을 청하는 것은 자기 능력으로 문제를 해결하는 데 실패했음을 뜻한다. 즉 도움을 구하기에 앞서 자신의 능력이 부족하거나 없다는 사실을 인정해야 하기 때문에 수치스러운 것이다. 도움을 구할 때 사람들이 종종 "자존심이 상한다"고 말하는 데는 이런 의미가 숨어 있다. 그리고 그들은 괜히 약점을 드러냈다가 나중에 짓밟힐 수도 있다고 생각한다. 그래서 도움을 줄지언정 도움을 받고 싶지는 않다고 얘기한다.

그러나 리더들을 생각해 보라. 그들은 모든 일을 자기가 해야 한다고 생각하지 않을뿐더러 그것을 부끄러워하지 않는다. 그들에게 중요한 일은 자신이 못하는 부분을 빨리 인정하고,

그 부분을 처리해 줄 뛰어난 사람을 찾아내는 것이다. 그들은 다른 사람들에게 도움을 요청할 때 부끄러워하지 않는다. 그에 대한 적절한 보상을 지급하면 된다고 생각하기 때문이다. 리더가 모든 걸 자기가 하겠다고 나서면 오히려 일을 그르치기 십상이다. 모든 일을 잘하는 사람은 이 세상에 한 명도 없기 때문이다.

인간은 생존을 위해 서로가 서로를 필요로 할 수밖에 없다. 자기가 살기 위해서라도 어느 정도의 의존성은 불가피하다. 즉 의존 그 자체가 나쁜 것은 아니다. 의존성이 심하거나 의존성이 너무 약한 것이 문제일 뿐이다.

독립과 고립을 혼동하지 마라

의존에 대한 두려움이 심한 사람들이 있다. 그들은 누군가에게 의존하게 되면 그 사람의 노예가 되고 통제당하고 결국은 자기 자신을 잃어버릴지도 모른다고 생각한다. 그래서 다른 사람에게 의존하는 것을 못 견딘다. 그들은 대부분 자존감이 낮다.

자존감은 어떤 상황에서든 내가 나 스스로를 지킬 수 있다는 확신에서 나오는 감정이다. 즉 어떤 상황에서도 내 인생의 주인은 나이고 내가 이 상황을 꾸려 나가고 있다는 사실을 잊지 않는 것이다. 그래서 자존감이 높은 사람은 다른 사람에게 의존하기를 두려워하지 않는다. 자기 자신에 대한 확신이 있고, 자신을 잃어버리지 않을 자신이 있기 때문이다. 반대로 자존감이 낮은 사람은 자기 자신을 잃어버릴까 두려워 의존하고 싶어도 할 수 없다.

그러므로 진정으로 독립적이고 강한 사람은 다른 사람에게 기대지 않고 모든 일을 혼자 해내는 사람이 아니다. 오히려 자신의 약함을 타인에게 기꺼이 내보일 수 있는 사람이고, 타인의 도움이 필요함을 인정할 수 있는 사람이다. 의존성을 내보여도 자신의 독립성을 훼손당하지 않을 자신이 있기 때문이다.

그런데 괜히 약점을 내보였다가 나중에 짓밟히면 어쩌나 두려워하는 사람들은 절대로 도와달라는 말을 하지 못한다. 오히려 그들은 "제 문제는 제가 알아서 할게요"라며 타인의 도움을 일체 거절하고서는 혼자 문제를 풀려고 애쓴다. 그러나 이때 독립과 고립을 혼동해서는 안 된다. 독립은 다른 사람들이 필요 없다고 말하는 게 아니다. 관계를 모두 끊는 것은 독립이 아니라 고립일 뿐이다.

독립은 관계를 끊는 것이 아니라 관계 속에서 홀로 있는 것이다. 물론 자기 문제는 스스로 해결하는 것이 맞다. 하지만 모든 문제를 혼자 풀려고 하는 것은 미련한 짓이다. 그야말로 시간 낭비, 에너지 낭비다. 애썼는데도 뭔가 해결점이 보이지 않을 때는 빨리 주위에 도움을 구하는 것이 좋다. 그래야 문제 해결에 걸리는 시간을 단축하고, 미처 보지 못해 저지를 수 있는 실수들도 미연에 방지할 수 있다. 그럼으로써 내가 진정 원하는 성공과 발전에 한 발 가까워질 수도 있다.

고민이 있어서 멘토를 찾아간다고 해 보자. '멘토'라고 불리는 것은 그만큼 사람들에게 능력을 인정받았다는 뜻이기에 멘토는 대부분 기꺼이 도움을 준다. 새로운 사업을 할 때도 그 분야의 선배들을 많이 만나 보는 게 중요하다. 실패했든 성공했든 유경험자들의 말을 들으면서 가능한 많은 정보를 취합해서 결론을 내리면 훨씬 똑똑한 선택을 할 수 있다. 멘토를 직접 찾아가는 게 부담스러운 사람들은 관련 책들을 읽는 것도 좋은 방법이다. 분야별로 전문가들이 몇 년 동안 고민해서 얻은 결론을 몇 시간 만에 습득할 수 있으니 얼마나 좋은가.

사람들은 때때로 혼자라고 느끼지만 실은 혼자가 아니다. 조금만 시선을 돌리면 당신의 손을 잡아 줄 사람들이 분명 있다. 그리고 믿을 수 없겠지만 당신이 손을 내밀어 주기만을 간절히 바라는 사람들도 있다. 도움이라고 하면 거창한 것을 떠올리기 쉽지만 사람들이 바라는 것은 따뜻한 말 한마디, 따뜻한 시선, 말없이 안아 주는 것처럼 소박한 것일 확률이 높다. 그리고 그 소박함을 주고받으며 기대어 살아가는 것이 인생이다.

Chapter 3

나에게 가장 소중한 건
당신이 아니라 바로 나 자신이다

왜 그렇게 당신은 인정받고 싶어 하는가

누구에게나 타인에게 인정받고 싶은 욕망이 있다. 다른 사람들에게 의미 있는 사람이기를 바라고, 그들의 삶 속에서 중요한 역할을 하는 사람이 되길 바란다. 그것은 굉장히 자연스러운 본능으로, 어떤 목표를 세우고 그를 달성하기 위해 노력하게 만든다는 점에서 매우 긍정적인 욕망이라고 볼 수 있다.

그런데 현대인들은 다른 사람에게 인정받아야 살아남을 수 있다는 걸 너무 일찍 배운다. 핵가족화가 급속도로 진행되면서 아이들은 너무 일찍 부모 혹은 가족을 떠나 사회로 내던져진다. 한 살도 안 되어 베이비시터나 양육 기관에 맡겨질뿐더러 유치원 말고도 여러 학원을 다닌다. 즉 주양육자가 끊임없이 바뀌는 상황을 너무 일찍 경험하는 것이다. 그 가운데 아이들은 엄마, 아빠만큼이나 다른 사람들과 잘 지내고 그들에게 잘 보여야만 자신이 버림받지 않을 거라고 생각하게 된다. 심지어 부모도 매일 묻는다. "오늘 선생님께 칭찬받았니?", "친구들이랑 잘 지냈고?", "발표는 잘했어?" 그러면 아이는 무의식중에 다른 사람들에게 인정받는 것이 매우 중요하다고 느끼게 된다. 더 나아가 자신이 돋보여야 하고 비난받으면 절대 안 된다는 생각을 하게 된다.

이런 상황에서 부모는 설령 짧은 시간밖에 함께하지 못한다 해도 아이에게 "잘못해도 괜찮아, 너는 충분히 사랑스러운 아이야"라는 말을 해 주거나 아이가 그렇게 느낄 수 있도록 무조건적인 사랑을 베푸는 게 중요하다. 그런데 부모마저 아이가 말을 잘 듣고 공부를 잘했을 때만 칭찬하는 경우, 아이는 부모님 마음에 들기 위한 행동만 골라서 하려고 든다. 더 나아가 엄마, 아빠의 관심을 목표로 삼고 그것을 얻기 위해 최선을 다하며, 부모가 싫어하는 것은 아예 시도조차 하지 않으려 한다. 자기 마음을 들여다보고 자기가 원하는 것을 찾을 기회를 애초에 포기해 버리는 것이다.

하지만 아이가 아무리 최선을 다해도 부모의 높은 기대에 완벽히 부응하기란 불가능하다. 결국 아이는 자신이 실망만 일으키는 존재라는 부정적인 시각으로 스스로를 바라보게 되는 안타까운 결과를 낳는다.

타인의 인정과 환호는 언제든 사라질 수 있다

그처럼 자존감이 낮은 상태로 자란 사람들은 있는 그대로 사랑받아 본 경험이 없기에 남들이 좋아할 거라고 생각하는 모습을 그려놓고 그 모습에 가까워지기 위해 죽을힘을 다한다. 자기가 무엇을 원하는지는 중요하지 않다. 그들에게 중요한 건 오직 남들보다 더 뛰어나고 매력적이고 일도 잘해서 사람들에게 인정받는 것이다. 그들 안에는 어릴 적 충분한 사랑을 받지 못해서 상처 입은 어린아이가 숨어 있다. 그 아이는 사랑받고 싶어서 타인에게 매달리며 그들의 기대에 부응하기 위해 자신을 거기에 억지로 끼워 맞춘다. 마치 타인의 인정과 사랑 없이는 절대 행복해질 수 없는 사람처럼 말이다.

그들에게 "그 정도면 충분해. 넌 최선을 다했어"라는 말은 위로가 되지 않는다. 그들은 무조건 최고가 되어야 하고, 모두가 인정하는 완벽한 사람이 되고자 한다. 그래서 무서울 정도로 성공에 집착한다. 남보다 앞서는 것은 즐겁게 일하는 가운데 얻어지는 결과이지만 그들에게 그것은 유일한 목표다. 그렇게 성공을 갈망하다 보니 그만큼 실패도 두려워한다. 한번 실패했을 뿐인데도 그들은 너무 심하게 상심하며 '나는 아무 쓸모가 없어'라고 생각하기도 한다. 그런데 현대사회에서 스포트라이트를 받는 건 1등뿐이다. 나머지 99명은 어떤 의미에서건 실패자 취급을 받는다.

게다가 우리가 누군가를 칭찬할 때는 보통 그 사람 자체보다는 그가 가진 능력, 지성, 재능 등을 부러워하는 것이다. 그래서 나에게 보낸 칭찬과 환호는 언제든 다른 사람에게로 옮겨 갈 수 있다. 늘 최고의 능력과 재능을 발휘할 수는 없기 때문이다. 그런데 타인의 칭찬과 환호에만 매달리는 이들은 그것이 조금만 사라져도 크게 상처받고 극심한 절망감에 빠져든다. 그들은 밖에서 연료를 공급해 주어야 하는 증기기관차에 비유될 수 있다. 이 기차는 외부에서 공급해 주는 석탄의 양에 따라 속도가 달라진다. 석탄을 많이 넣어 주면 기차는 빠르게 돌진한다. 그러나 석탄의 양이 줄면 기차의 속도는 느려지고, 석탄의 공급이 멈추면 기차는 서 버리고 만다. 그런데 문제는 타인의 인정과 환호는 언제든 사라질 수 있다는 것이다. 그러면 그들은 거짓된 허상에 대롱대롱 매달려 불안하게 살다가 껍데기밖에 남지 않게 된다.

내가 성형수술을 안타깝게 생각하는 이유

예전에 모 텔레비전 시사 프로그램에 패널로 나갔을 때의 일이다. 한 여자가 자기는 코에 대해 열등감이 있었는데 수술을 하고 나서 자신감을 많이 회복했다고 털어놓았다. 그러자 성형외과 의사는 정말 다행이라고 말했는데 내 생각은 달랐다. 나는 "자신감을 되찾은 건 참 다행이지만 어쩌면 진짜 자신감을 얻을 기회를 놓친 것일 수도 있습니다"라고 말했다. 왜냐하면 사람은 누구나 있는 그대로 사랑받기를 바라고, 그런 사랑을 통해 자존감을 강화해 나가기 때문이다. 그런데 성형수술을 해 버렸으니 있는 그대로 사랑받을 기회를 영영 놓치고 만 것이다. 당장은 코에 대한 열등감이 사라져 좋을지 몰라도 그 열등감은 또 다른 부분으로 옮겨 갈 가능성이 높았다. 그럼 그때 또 다른 부분을 수술해야 할 것이다.

타인의 인정에 지나치게 매달리는 사람들을 볼 때도 마찬가지다. 누구나 다른 사람에게 인정받으면 자신감을 얻고 왠지 내가 더 괜찮은 사람이 된 것 같은 기분이 든다. 하지만 타인에게 인정받기 위해 그것에만 매달리게 되면 남들이 원하는 모습만 보여 주려 애쓰게 되고, 결국은 나를 잃어버리게 된다. 내 인생을 사는 게 아니라, 남들이 원하는 모습의 나만 껍데기처럼 남는 것이다. 더 끔찍한 사실은 나를 향해 쏟아지던 칭찬과 환호가 다른 사람에게 옮겨 가고 나면 나에게 남는 것은 아무것도 없게 된다.

게다가 뭔가 갖추고 더 해야만 만날 수 있는 관계는 피곤할 수밖에 없다. 그래서 인정을 갈망하는 사람들에게 타인은 인정받고 싶지만 동시에 자기를 괴롭게 만드는 존재다. 그런 관계에서 진정한 의미의 사랑이나 우정이 생겨날 리 만무하다. 그러므로 타인의 인정을 받아야만 가치 있는 존재라는 생각을 먼저 내려놓는 게 필요하다. 내가 나를 사랑하지 않고, 가치가 없다고 여기면 아무리 타인의 인정을 받아도 뭔가 더 해야만 할 것 같은 불안에 시달리며 악순환을 거듭할 뿐이다.

만약 당신이 지금껏 남들의 칭찬을 받기 위해 누구보다 열심히 최선을 다해 왔다고 느낀다면, 무엇보다 먼저 애쓴 당신을 다독여 주어라. 그건 아무나 할 수 있는 게 아니기 때문이다. 그러나 그런 노력이 어느 순간 당신을 절망의 구렁텅이로 빠트린다면 그 껍데기 같은 삶에서 빠져나와야 한다는 신호로 받아들여라. 당신이 진정 원하는 건 무엇을 더 해야만 얻을 수 있는 사랑이 아니다. 언젠가 한 환자가 더 이상 남들의 시선에 얽매이지 않을 수 있을 것 같다며 '홀가분하다'라는 표현을 썼다. 그러면서 이제껏 미뤄 왔지만 정말 하고 싶은 일 리스트를 만들었다고 했다. 적다 보니 하고 싶었던 일이 참 많았다는 걸 느꼈단다. 그것들을 다 미룬 채 무엇을 위해 살아왔는지 모르겠다고도 했다. 만약 당신이 남들의 시선에서 자유롭지 못하다고 느낀다면 하고 싶은 일 리스트를 먼저 만들어 보길 권한다. 적어도 그동안 무엇을 놓치고 살았는지 알 수 있는 소중한 기회가 될 테니까 말이다.

그것은 결코 나의 잘못이 아니다

누구나 실수를 하고 잘못을 할 때가 있다. 그 일로 상대방에게 피해를 입혔다면 당연히 사과하고 어떻게든 피해를 복구하려고 노력하는 게 옳다. 그런데 잘못에 대한 반성을 넘어서서 과도한 책임감으로 스스로를 괴롭히는 사람들이 있다.

이를테면 아이가 다니는 어린이집에 불이 나서 아이가 다쳤다고 해 보자. 그러면 일차적 책임은 분명 어린이집에 있는데 어떤 엄마들은 그곳에 아이를 보낸 자신을 탓한다. 사고의 위험은 상존하는 것인데도 자신이 일하느라 아이를 그곳에 맡겼기 때문에 아이가 다쳤다고 생각하는 것이다. 남편이 불의의 사고를 당했는데 시어머니가 며느리에게 "다 너 때문이야. 너처럼 재수 없는 애가 우리 집안에 들어오니까 이런 일도 터지는 거 아니냐"라고 말했다고 치자. 며느리는 사고와 전혀 관계가 없으므로 화를 내야 정상이다. 그런데 "다 제 잘못이에요"라고 말하며 죄인처럼 고개를 떨군다면 그것은 과도한 책임감이다. 이처럼 직접 하지 않은 일이나 통제할 수 없는 일에 대해서까지 죄책감을 느낀다면 그건 문제가 있는 것이다.

왜 나는 모든 걸 내 탓이라고 생각하는 걸까

죄책감은 견디기 힘든 사건을 겪고 나서 그로부터 벗어나 스스로 살아남기 위해 만들어 낸 감정이다. 그런데 죄책감은 분노보다도 더 괴로운 감정이다. 정신분석가 자크 라캉은 죄책감에 대해 "자기 안에 3인칭인 존재가 들어 있다고 느끼는 것"이라고 했다. 잊을 만하면 또 다른 내가 등장해 자신이 얼마나 창피하고 수치스러운 존재인지를 일깨워 준다고 생각해 보라. 얼마나 끔찍한가. 그리고 그렇게 한번 만들어진 죄책감은 평생 끊임없이 자신을 괴롭힌다. 나처럼 나쁜 아이는 벌을 받아 마땅하다며 스스로를 계속 옭아매는 것이다. 마치 행복해지면 큰일이라도 나는 것처럼 자신을 궁지로 몰아세우면서 말이다.

예전 책에서 이미 밝힌 적이 있지만, 나에게는 한 살 터울인

둘째 언니가 있었다. 그런데 수줍음이 많고 외로움을 많이 타는 나와 달리 언니는 모든 면에서 뛰어났고 항상 사람들의 관심을 받았다. 그래서 나는 언니를 존경하고 선망하면서도 한편으로는 많이 원망했다. '언니가 없으면 사람들이 나에게 관심을 갖지 않을까.' 그래서 나는 언니가 없어져 버렸으면 좋겠다는 생각을 간혹 하곤 했다.

그런데 고등학교 3학년 때 언니는 정말로 교통사고로 죽어버렸다. 그 사건은 나에게 너무나 큰 충격으로 다가왔다. 내가 그렇게 생각했기 때문에 언니가 죽은 것만 같았다. 죄책감은 언니의 죽음을 제대로 슬퍼하지도 못하게 만들었고, 어떤 일에도 웃을 수 없게 만들었다. 집안의 반대를 무릅쓰고 의대에 진학한 것도 어떤 식으로든 언니의 죽음에 대해 빚을 갚고 싶은 마음 때문이었다. 그리고 가난한 남자와 결혼한 것도 헌신하고 희생하면 죄책감을 조금이나마 덜 수 있지 않을까 해서였다. 정말이지 죄책감은 나를 참 오랫동안 따라다녔고, 그 굴레에서 벗어나는 일은 생각보다 쉽지 않았다.

정신분석 치료 과정에서 죄책감으로 힘들어하는 환자들은 부정적 치료 반응을 보이기 일쑤다. 그들은 치료를 받아 자기가 좋아져서는 안 된다고 생각한다. 자기는 벌을 받아 마땅한 사람이기 때문이다. 이처럼 한번 죄책감의 노예가 되면 어느 순간 힘들고 고통스러운 것에 익숙해져서 오히려 자신을 괴롭혀야만 조금이나마 죄를 덜 수 있다고 생각한다.

어떻게 하면 죄책감의 굴레에서 벗어날 수 있을까

우리가 죄책감의 굴레에서 벗어나기 위해 알아야 할 것은 아무리 죄책감을 느낀다 한들 절대로 과거는 바꿀 수 없다는 사실이다. 왜냐하면 죄책감은 과거를 바꾸고자 하는 시도이며 만약 그 일이 생기지 않았으면 얼마나 좋았을까 하는 부질없는 바람이기 때문이다. 나는 아무리 죄책감으로 나를 괴롭혀 봤자 둘째 언니가 살아 돌아올 수 없다는 것을 깨달았을 때 비로소 언니의 죽음을 인정하고 슬퍼하며 떠나보낼 수 있었다.

그리고 인생에는 어쩔 수 없는 일들이 있다. 당신이 아무리 노력해도 바꿀 수 없는 일이 있는 것이다. 그 사실을 인정하고 받아들여야만 한다. 오늘도 내일도 과거의 고통을 계속 끌어 안고 살면서 스스로를 괴롭혀야 직성이 풀린다면 더 이상 할 말은 없다. 하지만 과도한 죄책감에 시달리며 점점 삶의 의미를 잃고 있다면, 그런 자신이 두렵고 누군가 자신에게 손을 내밀어 주기를 바라고 있다면 나는 당신에게 이 말을 전해 주고 싶다. 그 일은 당신 탓이 아니다. 그러니 이제 그만해도 된다.

나를 위한 선택을 할 때 미안해하지 마라

우리는 자존감 상실의 시대를 살고 있다. 자존감이란 나 자신을 어떻게 평가하는가에 대한 답이자 스스로를 사랑하는 마음인데, 대부분의 사람들이 크고 작은 열등감에 시달리면서 자기 자신을 부정적으로 평가한다. 작년 1월 알바천국에서 20 대를 대상으로 실시한 설문조사에 따르면 응답자의 40퍼센트가 자존감이 낮다고 답했다.

그래서인지 내가 대중 강연을 할 때 가장 많이 받았던 질문도 바로 이것이었다.

"나를 사랑하라고 말하는데 도대체 그게 뭔가요?"

그들은 구체적인 방법을 알고 싶어 했다. 얼마나 답답하면 그런 질문을 할까 싶지만 '나 자신을 사랑한다는 것'은 생각만큼 쉬운 일이 아니다.

초등학교 때 나는 이사를 앞두고 전학을 가는 게 두려웠다. 키도 작고 공부도 못하고 예쁘지도 않은 나를 아이들이 반겨 주지 않을 것 같았기 때문이다. 그런데 이상한 점은 나는 공부를 잘하는 아이였음에도 스스로는 못한다고 여겼다는 사실이다. 또 평범하게 생겼을 뿐인데도 나는 내가 너무 못생겼다고 생각했다.

그도 그럴 것이 나는 집에서 미운 오리 새끼였다. 둘째 언니는 얼굴도 예쁘고 공부도 잘해서 보는 사람마다 칭찬을 하는데, 나에게는 아무도 관심을 보여 주지 않았다. 나는 늘 언니랑 비교되기 일쑤였고 그러다 보니 못생겼다는 말도 참 많이 들었다.

나는 내가 너무 싫었다. 못생기고, 공부도 못하고, 키도 작고… 도대체 마음에 드는 구석이 하나도 없었다. 그처럼 열등감으로 똘똘 뭉쳐 있던 나에게 누군가가 자기 자신을 사랑해야 한다고, 왜 그러지 못하냐고 꾸짖었다면 나는 과연 뭐라고 했을까. 내가 그 조언을 그대로 받아들일 수 있었을까. 나 자신을 사랑하는 일이 몇 마디 말로 해결되는 간단한 일이겠는가.

그래서 나는 과거의 깊은 상처로 괴로워하는 환자들을 볼 때, 열등감을 견디지 못해 자해를 하는 사람들을 볼 때 그 마음을 이해한다고 쉽게 말하지 못한다. 그들에게 고통은 아직도 과거의 것이 아니라 현재진행형이기 때문이다.

나를 가로막는 가장 큰 적은 바로 나일지도 모른다

누구나 상처를 입지만, 누구나 그 상처 때문에 주저앉아 절망하며 세상을 탓하고 원망하는 건 아니다. 그런데 상처를 툭툭 털고 일어서지 못하는 사람들은 대부분 다른 사람에 비해 부정적인 사건을 더 많이 경험한다. 그들은 남들과 똑같은 사건을 겪어도 더 부정적으로 평가하며, 긍정적인 사건마저 부정적인 생각으로 일관하면서 덜 긍정적으로 받아들인다. 그러다 보니 즐거운 일은 없고 온통 불쾌한 일투성이다.

긍정적인 사람들이 긍정적인 생각과 부정적인 생각을 하는 황금 비율은 1.6 : 1이다. 그러나 상처에서 벗어나지 못하는 사람들은 긍정적인 생각마저 부정적인 생각으로 몰아간다. '사는 게 정말 힘들다. 나는 너무 나약해. 내 인생은 내가 원하는 대로 흘러가고 있지 않아. 내 인생은 엉망진창이야. 나는 내가 싫어.' 그들은 결국엔 자신의 의미마저 부정하면서 자신을 전혀 쓸모없고 무가치한 인간이라고 규정한다.

인생을 부정적으로 사는 사람들은 새로운 일에 맞닥뜨렸을 때 너무 빠르게 '나는 할 수 없어' 쪽으로 결정을 내린다. 그것이 더 이상 상처받지 않고 스스로를 보호하는 유일한 길이라고 생각하기 때문이다. 그들은 넘어져서 다칠지도 모른다는 생각 때문에 자전거를 타지 못하고, 버림받을지도 모른다는 생각 때문에 새로운 사랑을 놓치고, 실패할지도 모른다는 생각 때문에 기회를 놓친다.

그러나 사노라면 우리의 희망과 상관없이 불행한 일이 벌어질 수 있는 게 인생이다. 아무리 능력이 뛰어난 사람이라도 불행을 피해갈 수는 없다. 이리저리 애를 써도 상처를 일으키는 사건을 완벽하게 차단할 수 있는 방법은 없다는 말이다. 그들은 세상이 상처를 주기 때문에 벽을 쌓았다고 생각하지만, 사실 마음의 감옥을 만든 것은 자신이다. 그러므로 어쩌면 자신을 사랑하지 못하는 사람들의 가장 큰 적은 그 자신일지도 모른다. 세상을 믿을 수가 없다고 하지만 정작 그들이 믿지 못하는 것은 그 자신이기 때문이다.

자존감이 낮은 사람들이 하는 가장 큰 착각

언제나 자신을 깎아내리는 사람들이 하는 가장 큰 착각은 뭔가를 잘해야만, 더 노력해서 성공해야만 사랑받을 수 있다는 것이다. 그들은 아홉 가지를 잘하고도 한 가지가 부족하면 그

한 가지를 떠올리면서 "나는 왜 이렇게 못났을까"라며 자책한
다. 주위 사람들이 아무리 "그 정도면 정말 잘했어. 괜찮아"라
고 말해도 전혀 괜찮지 않다. 그들은 완벽하고 이상적인 모습
을 꿈꾸며 끊임없이 자신을 채찍질한다. 그러나 그런 노력이
남들에게 인정받지 못하면 순식간에 자기 비하의 늪에 빠져 버
린다.

그런데 자존감이 높은 사람들은 정말 완벽해서 자신을 사랑
하는 걸까? 아니다. 세상에 완벽한 사람은 없다. 겉으로는 완
벽해 보여도 누구나 약점을 가지고 있다. 다만 자존감이 높은
사람들은 완벽하지 않은 자신을 창피하다고 생각하지 않는다.
그들은 자신에게 부족하고 못난 부분이 있지만 그래도 자신은
충분히 사랑받을 만한 사람이라고 생각한다. 그래서 자신의
진짜 모습을 숨기려고 하지 않고, 자신의 약점을 들켜도 두려
워하지 않는다. 보잘것없는 삶이라도 자기 인생을 소중히 여
기기에 낯설고 험한 길이라도 마다하지 않고 당당하게 나아간
다. 일본의 작가 소노 아야코는 그런 사람들이야말로 매력적
이라면서 이렇게 말한다.

"사람은 자기다울 때 존엄하게 빛난다. 자기가 아닌, 다른 누
군가, 혹은 다른 무엇인가를 흉내 내고 비슷해지려고 시도하
는 순간 타고난 광채를 상실한다. 매력적인 사람의 특징은 그
에게 주어진 인생의 무게를 받아들이고 수용했다는 너그러움

이다. 그들은 현실로부터 도망치지도, 몸을 숨기지도 않는다. 모든 사람은 각자 자기만의 무거운 짐을 짊어지고 살아간다. 그 무거운 짐의 차이가 개성으로서 빛나고 있기 때문이다."

"So, it's me"의 힘

환자들을 치료하다 보면 상처에서 벗어나고 있다는 신호가 올 때가 있다. 그 신호는 얼굴에서 드러난다. 그다지 예쁘거나 잘생긴 사람이 아닌데도 얼굴에서 빛이 나면서 정말 예뻐 보이고 잘생겨 보인다. 그래서 사람이 달라 보인다. 아니나 다를까. 그럴 때면 그들은 "So, it's me"라고 말한다.

무의식 속의 상처를 알고, 그 상처의 진원지를 찾아 기억을 재구성하고, 자기 자신에 대해 숨김없이 드러낼 수 있게 되면, 이제 스스로 "그래, 그게 바로 나다. 어쩔래!(So, it's me)"라고 선언할 수 있게 된다. 상처까지도 온전히 자기 것으로 받아들이고 그것으로부터 담담해지기 시작하는 것이다. 그러면 더 이상 과거에 끌려다니지 않고 현재를 살아갈 수 있게 된다. 비로소 자기 인생을 살아가게 되는 것이다.

이처럼 '있는 그대로의 나'를 인정하게 되면 놀라운 일이 벌어진다. 더 이상 남들이 뭐라고 하든 휘둘리지 않게 된다. 약점을 감추려고 애쓸 때는 약점을 들킬까 봐 조마조마하고 그런 자신이 한없이 초라해 보인다. 하지만 "그래 어쩔래!"라며 숨기고 싶은 약점마저도 있는 그대로 드러내면 더 이상 두려울 게 없어진다. 소설가 알랭 드 보통은 《키스하기 전에 우리가 하는 말들》에서 이렇게 말한다. "난 깨달았어. 모든 것은 결국 어느 정도는 '그러면 좀 어때'라는 것을. 오늘 할 일을 다 못 했어. 그럼 어때. 차가 잘 안 나가. 그럼 어때. 돈이 별로 없어. 그럼 어때. 부모님은 날 별로 사랑하지 않은 것 같아. 그럼 어때. 무슨 말인지 알겠지? 해방되는 기분이야. 세상을 바라보는 새로운 내 방식이 될 거야."

치료가 끝난 한 환자가 "앞으로 어떻게 하면 되죠?"라고 묻자 나는 그녀에게 웃으며 이렇게 말했다. "하고 싶은 대로 하세요. 지금껏 당신의 주인은 과거였지만 이제부터는 당신이 주인이니까요. 가장 자신다운 선택을 하는 것, 그게 정답이에요."

세상에서 가장 소중한 건 당신이 아니라 바로 나다

"사람들은 나의 옷 입는 모습을 보고 비웃었지만 그것이 내 성공의 비결이었다. 나는 그 누구와도 같지 않았다." 전설적인 디자이너 코코 샤넬의 말이다.

누구나 주인공이 되고 싶어 한다. 그러나 누구나 주인공이 될 수는 없다. 주인공이 되려면 자신에게 주어진 짐을 기꺼이 질 수 있어야 하며, 자기가 내리는 모든 선택에 책임을 질 수 있어야 한다. 짐의 무게에 놀라 도망치는 사람은 절대 반짝반짝 빛나는 삶의 주인공이 될 수 없다. 상처에서 벗어난 환자들이 깨달은 것은 바로 누군가에게 휘둘리지 않으려면 자신의 짐은 스스로 짊어져야 한다는 점이다. 기꺼이 주어진 인생의 무게를 받아들이면 더 이상 타인의 삶을 흉내 내려 하거나 비슷해지려고 애쓰지 않는다. 다만 자신이 원하는 사람이 되기 위해 애쓸 뿐이다.

살면서 잊지 말아야 할 것 중의 하나는 누구도 내 삶을 대신 살아줄 수는 없다는 것이다. 사람들은 입으로는 세상에서 가장 소중한 건 자신이라고 떠들지만, 실제로 남들의 시선과 평가에 신경 쓰느라 그런 자신을 방치하기 일쑤다. 그러나 나마저 나를 버리면 누가 나를 지켜줄 것인가. 자신을 함부로 대하는 사람을 누가 존중하겠는가. 자신을 싫어하는 사람을 그 누가 좋아해 주겠는가. 그런데 나를 사랑하기 위해서는 먼저 초라하고 보잘것없는 나라도 받아들이고 인정할 수 있어야 한다. 그래야만 "그래 그게 나야, 어쩔래!"라며 당당하게 자신의 길을 걸어갈 수 있게 된다.

물론 남들이 반대하는 일을 만나면 두려울 수 있다. 괜히 내가 원하는 선택을 했다가 그 책임을 혼자 다 져야 할까 봐 두려운 것이다. 게다가 반대하는 사람이 소중한 사람이면 마음이 더 괴롭기 마련이다. 그럴 때 우리는 죄책감을 느끼고, 그것을 견디다 못해 자신이 원하는 것을 포기하기도 한다. 그런 의미에서 보자면 죄책감은 부정적인 감정이지만 죄책감이 들었다는 것은 그만큼 하고 싶은 게 생겼다는 뜻이기도 하다. 그러므로 때로는 죄책감을 환영해도 좋다. 그리고 누구도 내 인생을 대신 살아 줄 수 없다면, 결국 내 인생을 책임질 사람은 나뿐이라면 나를 위한 선택을 함에 있어 누군가에게 미안해할 필요가 없다. 혹시나 잘못된 선택을 했더라도 내가 책임지면 그만이니까. 그것이 소중한 인생을 나답게 살아가는 길이다.

무엇보다 자존감 회복이 시급한 이유

　우리는 보통 대인 관계가 좋은 사람들을 보면 외향적인 성격일 거라고 짐작한다. 낯선 이에게 먼저 다가가 말을 거는 사람들에게 "참 붙임성이 좋은 친구네"라고 말하기도 한다. 반대로 낯선 사람 앞에서 어쩔 줄을 모르고 얼어 있는 사람들을 보면 내향적인 성격이라 사회생활을 하는 게 쉽지 않겠다고 걱정하기도 했다. 그러나 내향적인 사람이 타인과 쉽게 친해지지 않는 것은 맞지만 그들은 한번 관계를 맺으면 최선을 다한다. 그래서 사람을 많이 만나는 세일즈맨의 경우 당연히 외향적인 사람이 일을 잘할 거라는 통념과 달리, 업계 최고의 세일즈맨 중 80퍼센트가 내향적인 사람이라는 통계 결과도 있다. 즉 내향적인 성격이 대인 관계를 맺는 데 문제가 되지는 않는다.

문제는 자존감이다

오히려 사람 사이에 문제가 되는 것은 자존감이다. 자존감이 높은 사람은 자기 스스로 괜찮은 사람이라고 생각한다. 그들은 어떤 일에 성공하든 실패하든 자신은 가치 있는 사람이며, 지금 이대로 남들에게 인정을 받고 호감을 살 만하다고 생각한다. 그런데 자존감이 낮은 사람은 늘 부정적인 시선으로 자신을 바라본다. 자신에 대한 믿음이 부족해 끊임없이 자기 능력을 의심하고 실패를 두려워하며, 단점이 드러나면 사람들이 자기를 싫어할 거라고 생각해 늘 불안에 떤다.

자존감이 높은 사람은 안 좋은 일을 겪어도 쉽게 흔들리지 않는다. 그들은 자기가 못하는 일도 많지만 그래도 괜찮은 사람이라고 생각하기 때문에, 실수하더라도 '나는 정말 아무짝에도 쓸모없는 존재야'라며 자신을 깎아내리지 않는다. 오히려 '그럴 수도 있지 뭐. 하지만 다음에 잘하면 돼'라고 스스로를 다독인다. 또 실패하거나 실수를 저질러도 남들이 여전히 자신을 좋아해 줄 것이라고 믿기 때문에, 기본적으로 누구를 만나든 편안한 마음으로 대한다.

반면 자존감이 낮은 사람은 조금만 안 좋은 일이 생겨도 그것을 자신과 연결지어 생각하며 자신을 탓한다. 자기는 쓸모없고 형편없는 사람인데 실수까지 저질렀으니 남들이 자신을 싫어할 수밖에 없다고 여기는 것이다. 그래서 별 의미 없는 농담인데도 그냥 지나치지 못하고 '나 들으라고 하는 말인가'라며 계속 곱씹고, 자신에 대한 안 좋은 소리가 한마디만 나와도 어쩔 줄 모른다. 자존감이 높은 사람은 부당한 비난을 들으면 무시하거나 그냥 흘려듣고 마는데, 자존감이 낮은 사람은 '역시 사람들은 나를 싫어해'라며 움츠러든다. 그러다 보니 자존감이 낮은 사람은 대인 관계에 있어 어려움을 겪을 수밖에 없다. 좀 더 구체적으로 살펴보자면 다음과 같다.

무엇보다 자존감 회복이 시급한 이유

자존감이 낮은 사람은 일단 타인을 만나기를 꺼린다. 상대방이 자신을 지루해하고 싫어할 것이라고 생각하기 때문이다. 그렇게 불편한 마음으로 상대방을 만났는데 아니나 다를까 상대방도 역시 이 자리를 불편해한다는 사실을 알아차리게 된다. 그러면 안 그래도 낮은 자존감이 바닥으로 내려앉게 된다. 자존감을 회복할 틈도 없이 그나마 있던 자존감마저 무너져 내리는 것이다. 그런 과정을 몇 번 거친 사람들은 나중에 사람을 만나는 일 자체를 두려워하게 된다.

그런데 여기서 우리가 눈여겨봐야 할 점은 자신에 대한 낮은 평가가 남들의 객관적인 평가가 아니라는 점이다. 다만 자기 스스로 그렇게 보고 있을 뿐이다. 그리고 사람을 만날 때 한쪽이 불편한 마음을 지니면 상대방도 바로 그것을 알아차리게 마련이다. 그러므로 자존감이 낮은 사람은 자신을 바라보는 관점을 바꾸지 않는 한 대인 관계가 좋아지기 어렵다. 누구를 만나든 대인 관계 자체가 스트레스로만 다가온다면 혹시나 지금 자존감에 문제가 생긴 것은 아닌지 되돌아볼 필요가 있다.

자존감을 높이는 방법 3가지

　자존감이 높은 사람들은 자존감에 대해 관심이 없다. 그것에 별 문제를 느끼지 못하기 때문이다. 그래서 자존감이라는 단어에 민감하게 반응하는 사람들은 원래부터 자존감이 낮거나 어떤 이유로든 현재 자존감이 많이 낮아진 상태일 확률이 높다. 행복한 사람들은 행복에 대한 얘기를 별로 하지 않는데 비해 불행한 사람들이 '행복'이라는 단어를 더 많이 언급하며 강박적으로 행복을 찾아나서는 것과 비슷한 맥락이다.

　그런데 앞서 살펴본 바와 같이 현대사회에서 높은 자존감을 유지하기란 쉬운 일이 아니다. 게다가 어릴 적 부모와의 관계로부터 낮은 자존감이 형성되면 이를 바꾸기란 참으로 쉽지 않다. 너무 오랫동안 '나는 사랑받을 자격이 없어'라는 틀에 자신을 가둔 채 잘못된 방식으로 사랑을 갈구해 왔기 때문이다.

무너진 자존감을 회복한다는 것은 부족한 나를 사랑하는 법을 배우는 것이다. 그런데 진정으로 나를 사랑하는 법을 익히는 것은 말처럼 쉽지 않다. 과거의 상처가 깊은 사람들을 상담하면서 의사로서 내가 먼저 배운 것은 기다림이었다. 몇 년을 치료해도 끝내 상처에서 벗어나지 못하는 환자도 있었고, 조금 나아졌다가 다시 후퇴했다를 반복하는 환자도 있었다. 자존감을 높이는 방법도 마찬가지다. 단박에 자존감을 높이는 방법이란 없다. 다만 잘못된 지도를 계속 따라가는 것만큼은 멈출 수 있을 것이다. 그리고 그것이 바로 자존감을 회복하는 첫걸음이다.

1. 작은 성취감을 맛볼 수 있는 일들을 꾸준히 할 것

올해로 파킨슨병에 걸려 병원을 그만둔 지 5년째다. 병이 악화되어 견디기 힘든 고통 속에 하루를 버티는 것조차 힘들었을 때는 살아 내는 것이 목표였다. 다행히 작년에 전극 수술을 받고 몸을 움직이는 것이 조금은 가능해지자 갑자기 무서운 고립감이 찾아왔다. 의사로서 환자들을 치료하는 일을 그만두면서 사회생활을 접고 집에만 있다 보니 자꾸만 마음이 약해졌다. 이대로 사회에서 잊히고 쓸모없는 사람이 되는 건 아닌가 하는 두려움이 밀려왔다. 적잖이 당황스러웠다. 아이를 둘 낳고 키우는 동안에도 일을 중단한 적이 없었을 뿐 아니라 책도 쓰고 여러 대학에서 강의도 하며 바쁘게 지냈던 터라, 내가 그런 상황에 놓이리라고 한 번도 생각해 본 적이 없기 때문이다. 나는 우선 그런 두려움을 받아들이고 인정하려 애썼다. 그리고 내가 지금 여기에서 할 수 있는 것들을 찾기 시작했다. 그중 하나가 운동이다. 그제는 잠자리에서 일어나지도 못했다면, 어제는 1킬로미터를 걷고 오늘은 1.5킬로미터를 걸으려고 애썼다. 물론 남들 눈에는 별게 아닐지 모르지만 나는 목표를 이룰 때마다 그것을 해낸 나 자신이 무척 대견하게 느껴졌다. 내가 뭔가 해낼 수 있는 사람이라는 사실을 스스로 느끼는 것은 자존감을 회복하는 데 있어 매우 중요하다. 자존감의 요소 중 그나마 스스로 노력해서 높일 수 있는 것이 바로 자기효능감이기 때문이다. 그렇다고 조급한 마음에 처음부터 대단한 걸 보여 주겠다는 생각으로 목표를 무리하게 잡으면 안 된다. 쉬운 일부터 시작해서 좀 더 어려운 일에 도전해야 매일 성취하는 기쁨을 느낄 수 있고, 그런 소소한 성취감들이 쌓이면 어느 순간 자신감이 생긴다. 그 힘은 의외로 막강하다. 내가 이 책을 쓰고 있는 것이 바로 그 증거다.

2. 단점을 감추거나 극복하기 위해 너무 애쓰지 말 것

자존감이 낮은 사람들은 남들에게 약점을 보이면 무시당할 거라고 믿는다. 그들은 슬퍼도 울지 않으려고 애쓴다. 우는 모습을 보이는 순간 공격을 당하거나 버림받을 거라고 생각하기 때문이다. 그래서 그들은 자신의 약한 모습을 꽁꽁 숨긴 채 당당하고 멋진 모습만 보여 주려 애쓴다.

그런데 그들은 단점을 감추는 데 너무 많은 에너지를 쓰기 때문에 상대방을 만났을 때 그에게 관심을 보일 여력이 없다. 그러다 보니 그들에게 인간관계란 그저 지치고 피곤한 일일 뿐이다. 더 큰 비극은 상대방도 그 사실을 알아차리고 실망한다는 데 있다. 진정성이 없는 껍데기 같은 만남을 좋아할 사람은 없기 때문이다.

우리는 겉으로 완벽해 보이는 사람에게서 어수룩한 모습을 발견하면 '저 사람도 나랑 비슷하네' 하며 인간적인 호감을 갖는다. 세상에 단점이 없는 사람은 없으니까 말이다. 그리고 자존감이 높은 사람은 단점이 없는 사람이 아니라 단점을 기꺼이 인정하고 드러낼 수 있는 사람이다. 그래서 그들은 단점에 크게 연연하지 않고 그와 상관없이 장점을 키우기 위해 노력한다. 또 그들은 장점을 더 키워 나가는 것이야말로 단점을 최소화할 수 있는 가장 빠른 방법임을 경험을 통해 알고 있다. 그러니 더 이상 단점을 감추거나 극복하기 위해 너무 애쓰지 마라. 좋은 인간관계를 맺고 싶다면 단점을 감추는 것보다 장점을 더 키우는 것이 오히려 빠른 방법이다.

3. 남들에게 너그럽듯 자신에게도 조금만 더 너그러워질 것

자존감이 낮은 사람들은 실패에 대해서는 지나치게 자신을 탓하면서 성공에 대해서는 지나칠 만큼 우연의 결과로 받아들인다. 열심히 노력해서 얻은 성공이라도 일한 만큼의 보상으로 받아들이기보다 어쩌다 얻게 된 행운일 뿐이라고 생각한다. 그들이 자주 쓰는 말들은 '항상', '반드시', '완벽하게', '~해야 한다' 등의 당위성과 절대성을 지닌 것들이다. 그런 말들은 자연히 공포와 분노, 상처, 죄책감과 같은 감정을 만들어 낸다. 그러나 우리의 현실은 항상, 반드시, 완벽할 수도 없고 또 그럴 필요도 없는 경우가 대부분이다. 그러므로 유연하고 융통성 있는 사고를 할 필요가 있다. 어떤 일의 결과가 좋지 않게 나오면 그것에 대해 객관적으로 바라볼 필요가 있다는 말이다.

영국 드라마 〈마이 매드 팻 다이어리(My Mad Fat Diary)〉의 주인공 레이는 폭식증과 다이어트에 대한 강박을 앓고 있는데, 그녀는 자기 자신에 대해 이렇게 일갈한다. "전 정말 끔찍한 사람이에요. 제가 다가가려고 하는 곳마다 모든 게 망가져요. 그리고 제가 그것을 바로 잡으려고 하면 할수록 더 악화될 뿐이에요."

남들에게 절대 하지 않을 나쁜 말들을 자기 자신에게 아무렇지도 않게 내뱉는 레이. 그런 그녀에게 상담사 선생님은 말한다.

"여기 10살의 레이가 앉아 있다고 생각해 보렴. 그리고 저 애한테 '넌 뚱뚱해'라고 말해 봐."

"안 할 거예요!"

"저 애한테 '못생겼어'라고 말해 봐. '넌 창피하고 쓸모없고 가망 없어'라고 말해 봐."

"그러기 싫어요!"

"그 말들은 바로 매일매일 네가 네 자신한테 하는 말들이니까. 네가 매일 골칫거리에 짐 같은 존재라고 네 자신에게 최면을 걸 때 하는 말들이니까. 저 애가 못생겼다고 생각하니?"

"아니라구요. 그만해요!"

"그럼 저 애한테 무슨 말을 해 주고 싶지?"

"…넌 멋지다고요. 완벽하다고요…."

"바로 그 말들은 네가 네 자신에게 해야 하는 말들이야. 넌 저 아이를 위로한 것처럼 네 자신을 위로해 줘야 해."

혹시 당신도 레이처럼 아무렇지도 않게 스스로에게 무례한 말들을 내뱉고 있는 건 아닌가. 그 누구도 아닌 자기 자신에게만 너무 가혹하고 혹독한 것은 아닌가. 그렇다면 남들에게 너그럽듯 자기 자신에게도 너그러워질 필요가 있다. 사람은 누구나 틀릴 수 있다. 실패할 수도 있고 포기할 수도 있다. 그러나 그것이 당신 자체가 부족하거나 결함이 있다는 증거가 될 수는 없다. 우리가 사는 현실은 완벽할 수도 없고, 우리가 모든 일을 통제할 수도 없다. 그런데도 모든 걸 자기 탓으로 돌리고 자기를 미워하는 일에만 몰두하고 있다면 당장 근거 없는 자기 비난을 그만두어라. 당신은 당신의 생각보다 훨씬 괜찮은 사람이다.

남이 나를 함부로  하지 못하게 만드는 법

언젠가 후배가 고민이 있다며 찾아왔다. 그녀의 동서가 벌써 1년째 아이를 맡기고 있는데, 도무지 데려갈 생각을 안 한다는 것이었다. 처음 동서가 아이를 맡길 때만 해도 그녀의 집에 시부모님이 살고 계시니 그런 부탁을 할 수도 있겠다 싶었단다. 물론 그녀도 아이 둘을 키우는 워킹맘이라 쉽지 않았지만 동서의 사정이 딱해 부탁을 들어주었다. 그런데 1년 뒤 동서가 한 통의 메일을 보내 왔단다. 큰엄마 댁에서 아이가 잘 크고 있으니 더 돌봐 주면 안 되겠느냐는 것이었다. 그녀는 무척 화가 났다. 안 그래도 건강이 안 좋아져 휴직을 해야 하나 싶던 차에 남이야 어떻든 자기 사정만 앞세우는 동서가 미워서 밤잠도 설친다고 했다. 나는 후배에게 단호하게 거절하라고 말했다. 결국 그녀는 더 이상 아이를 부탁하지 말라고 했고, 그 뒤 동서는 베이비시터를 구했다.

살다 보면 우리는 우리의 어깨 위에 자신의 짐을 올려놓으려는 사람들을 만날 때가 있다. 그럴 때마다 소위 착한 사람들은 어쩔 줄을 몰라 한다. 속으로는 백번이고 안 된다고 말하고 싶지만 괜한 갈등을 만들고 싶지 않은 그들은 차마 거절하지 못해 끙끙 앓는다. '거절하면 실망하겠지', '이번 한 번만 그냥 넘어가자', '내가 참는 게 모두를 위해 낫지 않을까'라는 생각으로 무리한 부탁도 들어준다. 하지만 자기만 손해 보는 것 같은 느낌, 상대가 미안해하기는커녕 너무 당당하게 행동할 때 느껴지는 분노는 결국 내 안에서 곪게 된다. 그리고 그 분노는 자기도 모르는 사이 어느 순간 폭발하고 만다. 참으면서까지 관계를 지키고자 애썼지만 결국 한순간에 관계가 무너지는 결과를 낳고 마는 것이다.

일에서든 인간관계에서든 참고 견디는 데는 한계가 있다. 또 착하게 산다는 것은 부탁을 전부 들어주는 게 결코 아니다. 제 몫의 일을 하면서 남에게 폐를 끼치지 않고 살면 그것으로 충분하다. 그런데 우리나라에서는 '착하다'는 말을 남의 말을 잘 듣고 그에 순종하는 것과 동일시한다. 그래서 남을 너무 존중하는 대신 자신은 거의 존중하지 않는다. '착한' 사람들은 번번이 남의 감정이 상할까 봐 신경 쓰다가 능력 밖의 일까지

떠맡아 괴로워한다. 자기를 희생하고 자기 가족을 희생시키면서 말이다.

그러니 '착한' 사람이 되려고 하지 마라. 그것은 자신을 소중히 여길 줄 모르는 사람들이 하는 최악의 선택일 뿐이다. 내가 결혼하는 딸에게 "착한 며느리가 되려고 애쓰지 마라"라는 말부터 한 이유도 그 때문이다. 평소 딸의 성품으로 보자면 처음부터 시부모에게 잘하려고 무진 애를 쓸 텐데 그러면 시부모의 기대가 너무 높아져 나중에는 딸이 힘들겠다는 생각이 들었다. 대신 나는 딸에게 "편한 며느리가 되는 게 너한테도 시부모한테도 좋아"라고 말했다. 무조건 상대방에게 맞추는 게 아니라 서로 양보하고 타협하는 과정을 거쳐야 마음이 편안하다. 그래야 어느 한쪽만 희생하는 비극을 막을 수 있게 된다. 서로 못하는 게 뭔지, 무엇을 하기 싫어하는지 알아야 서로 편하게 볼 수 있기 때문이다.

자존감이 낮은 사람들일수록 한계 설정이 필요한 이유

'착한' 사람들이 터트리는 화는 남이 나를 함부로 대한다는 느낌과 그에 대한 부당함을 토로하는 것이다. 그러므로 우선은 다른 사람들이 자기를 함부로 대하게 두어서는 안 된다. 그런데 사람들은 대개 분명한 한계를 설정하는 것을 두려워한다. 상대방이 나를 싫어하거나 관계가 틀어질까 봐 두려워 선을 긋지 못하는 것이다. 자존감이 낮은 사람일수록 그 두려움은 더 크다. 하지만 함부로 대하는 사람에게 선을 그을 때는 단호해야 하며, 그 뒤에 따라오는 죄책감도 잘 이겨 내야 한다. 잠시 뒤면 죄책감은 사라지고 오히려 홀가분한 마음을 느끼게 될 테니까 말이다.

한계를 설정한다는 것은 내가 나를 지키기 위해 꼭 필요한 일이다. 어떤 사람들은 선을 긋는다고 하면 이기적인 행동이라고 비난하지만 그것은 결코 이기적인 게 아니다. 이기적이라는 말은 손해 보는 건 절대 용납 못 하겠으니 다른 사람이야 어떻게 되든 말든 내 이익을 먼저 챙기겠다는 태도를 뜻한다. 하지만 한계를 설정하는 것은 내 처지와 능력이 여기까지밖에 안 된다고 상대방에게 명확하게 밝히는 것이다. 그것은 곧 상대방이 바라는 것과 내가 원하는 것이 다를 때, 웬만하면 당신의 요구를 들어주고 싶지만 나를 희생하면서까지 들어줄 수 없다고 밝히는 것이나 다름없다. 즉 한계를 설정하는 것은 타협할 줄 모르는 인간이 되는 게 아니라 부당한 조종은 절대 받지 않겠다는 표현일 뿐이다. 독일의 관계 심리 전문가인 롤프 젤린은 《나는 단호해지기로 결심했다》에서 다음과 같이 말한다.

"단호해지는 것의 최종 목표는 나를 지키고 내가 진정 원하는 인생을 사는 것이지 다른 사람을 희생시키거나 그와 싸워 이기는 것이 아니다. 물론 자기 권리를 주장함으로써 주변 사람들의 마음을 힘들게 할 수도 있고 섭섭하게 만들 수도 있다. 하지만 그 일이 나를 오래도록 힘들게 하고 상처 입힐 것 같으면 필요할 때 싸울 줄도 알아야 한다. 단호해진다는 것은 내가 할 수 없는 일, 내가 바꿀 수 없는 관계에 매달리는 대신 내가 할 수 있는 일, 나를 존중해 주는 소중한 사람들에게 집중하겠다는 뜻이다."

그럼에도 자존감이 낮은 사람들은 거절한 뒤에 상대방이 자신을 싫어할까 봐 늘 전전긍긍한다. 그들이 깨야 할 편견은 단호하게 선을 긋는 것은 나를 지키기 위한 것이지, 상대를 이기기 위해 싸우자는 게 아니라는 것이다. 그리고 한계를 설정하면 관계가 깨지는 게 아니라 오히려 단단해진다. 내가 할 수 있는 것과 하지 못하는 것을 명확하게 밝힘으로써 상대방으로 하여금 나를 더 존중하게 만들 수 있기 때문이다. 그런 의미에서 보자면 한계 설정은 내 생각과 취향을 존중받고 싶다는 뜻을 상대방에게 전달하는 것이기도 하다. 보다 한계 설정을 잘하기 위한 방법은 다음과 같다.

1. 인간은 본래 이기적이고 나약하다는 사실부터 받아들여라

인간은 본래 이기적이고 나약하다. 누구나 불리한 상황에

처하면 약간의 거짓말을 해서라도 위기를 모면하려 들고, 큰 교통사고가 났을 때 우리 가족이 무사하면 일단 가슴을 쓸어내리게 된다. 기부는 조용히 하는 거라지만 내가 기부하면 누구든 알아줬으면 좋겠고, 누군가 맞고 있을 때 도와줘야 한다는 걸 알면서도 때리는 사람이 무서우면 피하고 싶은 마음이 들기도 한다. 물론 누구나 그런 생각을 한다고 해서 똑같이 비겁하고 이기적으로 행동하는 것은 아니지만, 중요한 것은 누구라도 그럴 가능성이 있다는 점이다.

어쩔 수 없는 인간의 한계를 받아들이는 것은 비참한 게 아니다. 모든 것을 다 잘하는 완벽한 사람이란 없으며 '나는 이래야 한다'는 이상적인 목표를 잡아도 거기에 완벽하게 도달할 수 있는 사람은 없다. 누구나 부족하고 허술한 면이 있고 약한 구석을 가지고 있기에 우리는 서로를 필요로 하는 것이고, 서로의 존재에 대해 감사할 수 있다. 만약 완벽한 인간이 있다면 그는 어떤 관계도 필요로 하지 않을 것이다.

인간이 본래 이기적이고 나약하다는 사실을 받아들이면, 이기적으로 자기만 챙기는 사람을 만났을 때 크게 실망해서 바로 관계를 끊어 버리는 우를 범하지 않을 수 있다. 적어도 이유를 들어보고 판단할 문제라고 생각하는 여유를 가지게 되는 것이다. 그리고 누군가가 조그만 것이라도 나를 위해 주면 그것에 대해 진심으로 감사할 수 있게 된다. 또 남이 나를 함부로 대했을 때 그를 무조건 비난하며 몰아세우는 미련한 짓도 하지 않게 된다. 어쩌면 상대방이 자기 입장만 고려하다 보니 그랬을지도 모르겠다고 이해하면서, 동시에 지금이라도 나를 함부로 대하지 말아 달라고 선을 그으면 그만인 것이다. 무엇보다 나 또한 그럴 수 있는 인간이기에 때로 이기적인 행동이나 실수를 저질러도 스스로를 용서할 수 있게 된다. 즉 완벽하지 않기 때문에 사랑받을 만한 가치가 없다고 생각하며 스스로를 탓하지 않게 되는 것이다. 그렇게 자신의 약한 모습도 받아들여야만 다른 사람에게도 자신의 한계를 당당하게 말할 수 있다. 안 그러면 남이 아무리 부당한 부탁을 해도 거절하지 못해 괴로워할 수밖에 없다.

2. '이렇게까지 했는데 남들이 나를 알아주겠지'라는 기대를 버려라

내 동생이 유학 중에 교수가 수학을 잘하느냐고 묻자 "잘 못해요"라고 대답했다. 그런데 교수가 의아하다는 표정을 지었단다. 동생이 수학을 꽤 잘했기 때문이다. 잘하는 걸 왜 못한다고 말하는지 교수는 도무지 이해할 수 없었다. 그런데 우리나라에서는 그렇게 말해야 "참 겸손한 사람이네"라며 칭찬을 받는다. 자기를 낮추어 말하는 게 좋다고 배우는 것이다. 그래서 칭찬을 들으면 "뭘요 잘하지도 못하는데", "운이 좋았어요" 하며 부끄러워한다. 물론 겸손은 좋은 미덕이다. 하지만 지나친 겸손은 오히려 독이 된다. 겸손은 자기를 자랑하지 않는 것이지, 자기를 너무 낮추라는 의미가 아니다. 어떤 식으로든 자기를 너무 낮추는 것은 또 다른 의미의 자기 비하일 뿐이다. 내가 나를 존중하지 못하는데 누가 나를 존중하겠는가. 실제로 누군가가 자기 자신을 안 좋게 말하면 처음에는 그 사실을 믿지 않던 사람들도 같은 말이 반복될수록 말한 그대로를 진실로 받아들인다고 한다. 그러므로 지나친 겸손은 지속적으로 자신을 깎아내리는 것이나 다름없다.

그런데 지나치게 겸손한 사람들을 가만히 들여다보면 '이렇게 말해도 남들은 다 알아서 나를 인정해 주겠지' 하는 마음을 품고 있다. 그러나 안타깝게도 다른 사람들은 그에 대해 관심이 별로 없으며 잘 모르는 경우가 더 많다. 그러므로 지나친 겸손으로 얻는 것은 아무것도 없다.

마찬가지로 '착한' 사람들은 누군가의 무리한 부탁을 들어주면 그가 자기 마음을 알아줄 거라고 생각한다. 즉 쉽지 않은 상황에서 무언가를 포기해 가며 부탁을 들어주었음을 굳이 말해 주지 않아도 이미 다 알고 고마워할 거라고 기대하는 것이다. 하지만 상대방은 내가 말하지 않는 한 정말 그 마음을 모를 수도 있다. 그러므로 부탁을 들어주기로 했다면 고마워할 것이라는 기대를 먼저 버리는 편이 낫다. 만약에 상대방이 고마워하지 않았을 때 화가 날 것 같다면 상대방의 부탁을 애초에 거절하라. 군이 상처를 더하고 싶지 않다면 말이다.

3. 선을 그을 때는 절대 흥분하지 말고 부드러우면서도 단호할 것

앞서 이야기한 후배의 경우, 동서의 이메일을 본 후에 화가 나서 잠도 못 잘 정도였다. 그러나 그녀는 곧바로 동서에게 전화하지 않았다. 만약 그랬다면 흥분해서 말을 두서없이 쏟아내는 바람에 그녀의 뜻은 전달하지도 못하고 괜히 사이만 나빠졌을 것이다. 이럴 때 필요한 것은 바로 선을 긋는 목적을 다시 한 번 상기하는 일이다. 선을 긋는 것은 나를 지키기 위한 것이지, 관계를 어긋나게 만들겠다는 것이 아니다. 그러므로 화가 났을 때는 잠시 모든 것을 멈추고 흥분을 가라앉히는 것이 우선이다. 그런 다음 상대에게 내 의견을 제대로 전달해야한다. 두루뭉술하게 표현하면 상대방이 못 알아들을 수 있다. 불쾌한 대우를 받았더라도 상대방을 비난하지 말고 자기가 무엇을 할 수 없는지에 대해서만 말하는 게 좋다. 만약 그랬는데도 상대방이 화를 내거나 회유를 하려고 들면 절대로 약해지지 말고 꿋꿋이 결심을 지켜라. 그래야만 상대방이 나를 존중할 테니까 말이다. 선을 그을 때는 부드러우면서도 단호한 모습을 보이는 것이 최선이다.

부당한 비난에 우아하게 대처하는 법

　살다 보면 상습적으로 남에게 상처를 주는 사람들을 만날 때가 있다. 그들은 열등감과 세상에 대한 불만으로 가득 차 있어서 입만 열면 불평불만을 쏟아 내기 바쁘다. 경쟁심이 강한 그들은 자기가 가장 돋보여야 한다고 생각한다. 그래서 무의식중에 자기보다 더 인정받는 사람을 보면 시기 질투하며 그의 성공을 깎아내리지 못해 안달한다. 자기가 얼마나 애쓰는지 아무도 알아봐 주지 않는다며 세상을 원망하기도 한다.

　그 분풀이 대상이 되는 사람들은 물론 그보다 약한 사람들이다. 그들은 호시탐탐 상대의 약점을 잡아서 깔아뭉갤 기회만 엿보다가 모욕감과 수치심을 불러일으킬 말을 골라 아무런 죄책감도 없이 쏟아 낸다. 인터넷에 악성 댓글을 달면서 순간적으로 우월해진 듯한 쾌감을 느끼거나, 다른 일로 기분이 안 좋은 상사가 괜히 일 잘하는 사원을 불러다 "너는 너무 건방져"라고 비난하는 것 등이 이에 속한다. 그들은 자기 마음을 위로할 수 있다면 무엇이든 괜찮다고 생각한다. 상대방이 얼마나 아파할지는 관심 밖이며, 그들에게 타인은 열등감과 욕구 불만을 해소하는 대상일 뿐이다. 그들은 다른 사람이 모멸감을 느끼고 상처받는 것을 오히려 즐긴다. 그래서 숨기고 싶은 과거나 학벌, 외모 등 일부러 상대의 약점을 건드려서 분노하게 만들기도 한다.

이처럼 일부러 상처를 주려고 작정한 사람들에게 부당한 비난을 들으면 충격을 받을 수밖에 없다. 그래서 아무리 자존감이 높은 사람이라도 수치심과 모욕감에 부르르 떨면서 분노하게 마련이다. 하지만 아무리 억울해도 결코 상대방의 도발에 넘어가서는 안 된다. 상처를 입고 괴로워하는 모습을 보이는 것이야말로 그가 원하는 것이기 때문이다. 다행히 자존감이 높은 사람들은 잠시 이성을 잃었다가도 중심을 잡는다. 그리고는 내용이 부당하다고 생각되면 거부권을 행사한다. 부당한 비난에 휘둘려 말도 안 되는 싸움에 말려드는 게 아니라 그냥 무시해 버리는 것이다. 사실 화풀이를 하기 위해 내뱉은 말이 객관적인 평가일 리 만무하다. 게다가 상대방이 나를 어떻게 평가하든 그건 그의 생각일 뿐이다. 설령 비판의 내용이 옳다고 해도 화풀이를 하려고 약한 사람에게 일부러 상처를 주는 것은 나쁜 행동이다.

그런데 자존감이 낮은 사람들은 항의하기는커녕 상처 입고 괴로워하면서 부당한 비난을 자기 탓으로 돌린다. 특히 여성들의 경우 자기가 너무 부족하고 못나서 상대방이 화를 낼 수밖에 없고, 자기는 그런 대접을 받아도 싸다고 생각하는 사람들이 많다. 심지어 자기와 관계없는 일에 대해서도 전부 자기 잘못이라면서 더 큰 싸움으로 번지기 전에 어떻게든 상황을 무마하려고 애쓴다. 하지만 그래 봤자 작정하고 상처를 주려는 상대방은 더욱 포악해질 뿐이다. 벌벌 떨며 자기 잘못이라고 말하는 사람을 보며 쾌감을 느끼고 더 신이 나서 비난을 멈추지 않는 것이다.

애초에 잘못은 노골적으로 상처 주는 말을 한 사람에게 있다. 그가 어떤 말을 하든 내 잘못이 아닌 것을 떠안고 괴로워할 이유는 없다. 그러므로 상대의 잘못은 다시 그에게 돌려주고, 그의 비난이 부당하다는 사실을 또렷하게 인식하고 있어야 한다. 아무리 그가 나에게 상처를 주고자 해도 내가 그것을 받지 않으면 그만이다. 더 이상 나를 평가할 자격이 없는 사람의 도발에 넘어가 상처 입고 괴로워하지 마라. 노골적으로 상처 주는 사람들이 나를 만만하게 보도록 만들어서는 안 된다. 내가 나를 적극적으로 보호하고 지킬 수 있어야 한다. 그 상황에서 나를 지킬 것은 오직 나뿐이기 때문이다.

물론 무시당해서 기분 좋을 사람은 없을 것이다. 하지만 누구나 그것을 상처라고 이름 붙이지는 않는다. 만약 부당한 대우에 상처를 입는다면 그것은 오히려 상대방이 당신을 아무렇게나 휘둘러도 좋다고 허락하는 것이나 다름없다. 상대방이 괴롭히면 괴로워하고, 상처를 주면 주는 대로 다 받는다는 의미니까 말이다. 그러므로 부당한 비난에 휘둘려 상처받았다고 말하지 마라. 그 어떤 순간에도 부당한 비난은 돌려주어야 하는 것이지, 당신이 받을 것이 아니다.

마지막으로 잊지 말아야 할 것은 대인 관계를 선택하고 결정하는 통제권은 당신에게 있다는 사실이다. 누구를 가까이하고 누구를 멀리할지, 누구와의 관계에 더 힘을 쏟을지는 당신의 선택에 달려 있다. 내가 가까워지고 싶은 사람이 나에게 상처를 주면 정말 아플 것이다. 하지만 내 인생에 별로 중요하지 않은 사람이 작정하고 상처를 준다 해도 그것은 내가 받지 않으면 그만이다. 그리고 소중한 나를 지키기 위해 상처 유발자와의 관계를 단호하게 끊는 것도 고려해 볼 일이다.

Chapter 4

가족·연인과 나 사이에 필요한 거리
: 0~46cm

가족 관계가 유독 어려울 수밖에 없는 이유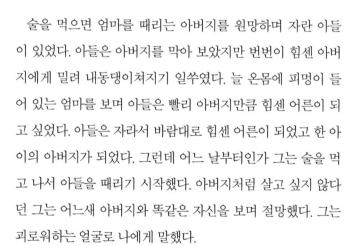

술을 먹으면 엄마를 때리는 아버지를 원망하며 자란 아들이 있었다. 아들은 아버지를 막아 보았지만 번번이 힘센 아버지에게 밀려 내동댕이쳐지기 일쑤였다. 늘 온몸에 피멍이 들어 있는 엄마를 보며 아들은 빨리 아버지만큼 힘센 어른이 되고 싶었다. 아들은 자라서 바람대로 힘센 어른이 되었고 한 아이의 아버지가 되었다. 그런데 어느 날부터인가 그는 술을 먹고 나서 아들을 때리기 시작했다. 아버지처럼 살고 싶지 않다던 그는 어느새 아버지와 똑같은 자신을 보며 절망했다. 그는 괴로워하는 얼굴로 나에게 말했다.

"처음부터 그럴 의도는 아니었어요."

가족 간의 문제로 나를 찾아오는 사람들은 모두 그처럼 처음부터 가족에게 상처를 주거나 해코지하려는 의도는 전혀 없었다고 말한다. 가족 심리학의 대가인 토니 험프리스 박사 또한 30년 동안 폭행과 학대가 발생한 문제 가정들을 상담한 결과 일부러 자녀와 배우자에게 상처를 주려는 사람은 단 한 명도 보지 못했다고 말한 바 있다. 그러니까 사람들은 자기도 모르게 가족에게 화를 내고, 함부로 행동하고, 상처를 준다. 어떻게 그럴 수가 있느냐고?

정신분석학의 창시자 프로이트에 따르면 사람들은 어린 시절에 받은 상처나 고통을 반복하는 경향을 보인다. 어릴 적 받은 상처를 미처 해결하지 못한 채 자라난 사람이 자기 아이나 배우자를 상대로 그 상처를 되풀이하는 것이다. 어릴 적 불행했던 상황을 똑같이 재현함으로써 그때 억눌렸던 감정이나 욕구들을 해소하고 보상받고자 하지만 결과적으로 불행을 반복하는 셈이다. 이것을 우리는 '대물림'이라고 부른다.

가족 문제가 유독 힘들고 풀기 어려운 까닭이 바로 여기에 있다. 어릴 적 가족에게 입은 상처를 현재의 가족에게 되풀이하고 있는데도 많은 이들이 그것을 미처 깨닫지 못한다. 그러는 사이 문제는 감당할 수 없을 만큼 커져 지울 수 없는 상처가 되고 만다. 어떻게 하면 이 악순환에서 벗어날 수 있을까? 할아버지에서 아버지에게로, 아버지에게서 나에게로, 나에게서 아들이나 딸에게로 이어지는 불행의 반복을 막을 방법이 있기는 한 걸까?

　술을 먹고 아내를 때리는 아버지 밑에서 자라나 술을 먹고 아들을 때리는 아버지가 되고 만 환자는 나한테 그랬다. 아직도 아버지를 용서할 수 없다고, 여전히 아버지는 당신이 무엇을 잘못했는지 모른다고 말이다. 그 말을 하며 그는 무척이나 고통스러워했다. 아직도 그는 아버지에 대한 두려움과 공포로 떨고 있었고, 어린 시절 아무것도 할 수 없었던 자신에 대한 무력감과 어머니를 보호하지 못한 죄책감에 시달렸다. 나는 그에게 말했다. 당신이 그런 아버지를 만난 건 굉장히 슬프고 불행한 일이라고, 그러나 알고 보면 그 아버지는 무시무시한 괴물이 아니라 사랑받지 못하고 자라나 어떻게 사랑을 줘야 할지 몰랐던 서투르고 평범한 사람일 뿐이라고. 그러면서 이 말도 덧붙였다.

　"당신의 아버지가 시간이 흘러 자기 잘못을 깨달을 수도 있지만 시간이 흘러도 절대 바뀌지 않을 수도 있어요. 그러면 끝내 당신은 아버지에게 미안하다는 말을 듣지 못할 수도 있겠죠. 하지만 당신은 문제가 있다는 것을 스스로 인식했기 때문에 그러지 않기 위해 노력하면 악순환의 고리를 끊을 수 있어요. 당신이 아버지와 전혀 다른 영혼과 인격을 가진 사람이라는 사실을 잊지 마세요. 더 이상 힘센 아버지를 막지 못하고 벌벌 떨던 어린애가 아니라 아버지보다 더 힘센 사람이 되었다는 사실도 잊지 말고요."

상처를 입는 것보다 더 중요한 건 그 상처를 어떻게 보느냐이다. 어떤 사람들은 똑같은 일을 당해도 상처라 얘기하지 않고 어떤 사람들은 상처라고 한다. 누가 나를 해코지했을 때 그것 때문에 자기 인생이 망가졌다고 생각하는 사람이 있고, "스크래치가 났을 뿐이야. 괜찮아"라고 말하는 사람이 있다. 즉 상처를 입었다는 사실보다 우리가 상처를 어떻게 생각하고 바라보느냐에 따라 현재와 미래는 달라진다.

어떤 사람들은 부모로부터 깊은 상처를 입으면 자기가 나쁜 짓을 해서 그에 합당한 벌을 받았다고 생각한다. 그의 부모들은 어린 시절의 상처 때문에 자기도 모르게 아이에게 상처를 준 것인데 말이다. 아이가 잘못한 것은 없었다. 그들도 부모는 처음이었고, 그래서 서툴렀을 뿐이다. 그리고 안타깝지만 우리에게는 과거를 바꿀 힘이 없다. 하지만 자신의 삶과 부모와 조부모의 삶을 관통하는 불행의 고리를 알게 되면 적어도 그것을 몰라서 상처를 더 키우는 사태는 막을 수 있게 된다.

그러므로 지금이라도 가족 간에 도저히 풀리지 않은 문제가 있다면 한번 의심해 보라. 혹시나 나도 모르는 사이 대물림 되고 있는 상처가 없는지를 말이다.

화목한 가정은 안 싸우는 집이 아니라 갈등을 잘 해결하는 집이다

어둑해진 저녁, 퇴근한 아버지가 현관문을 열면 아이들이 뛰어나와 반기고, 어머니는 "애들아 밥 먹어야지, 여보 빨리 씻고 나와요"라며 아버지의 외투를 받는다. 잠시 후 찌개가 끓고 있는 식탁에서 가족들이 도란도란 정답게 이야기를 나누며 밥을 먹는다. 우리가 늘 광고에서 보던 화목한 가정의 저녁 풍경이다. 그런데 그런 광고를 보며 밥을 먹고 있는 누군가의 얼굴은 어두워진다. 그의 집 식탁에서 가족들은 말이 없었고, 밥도 같이 먹은 적보다 혼자 일회용 햇반에 김치, 달걀부침 하나 놓고 먹은 적이 더 많으니까. 그러면서 생각한다. '다른 집은 저렇게 화목한데 우리 집은 왜 이럴까? 정말 싫다.' 그런데 나를 찾아온 환자들 또한 그런 말을 하곤 했다. "다른 집은 다 행복해 보이는데 우리 집은 안 그러니까 부끄럽고 속상했어요."

어린 시절 불행한 가정에서 자란 사람들은 특히나 화목한 가정에 대한 환상이 크다. 항상 웃음이 넘치고, 수다가 넘치고, 사랑이 흐르는 즐거운 집을 꿈꾸며, 그런 집에서는 싸움이란 걸 모를 것 같다는 것이다. 텔레비전에서 보여 주는 화목한 가정에 대한 이미지는 어느 순간 우리 집에 문제가 있음을 알려 주는 방증이 되어 버린다.

내 딸과 아들은 어릴 때 툭하면 싸우기 일쑤였다. 그래서 내심 저 둘을 어찌해야 할까 고민이 많았다. 그러던 어느 날 나를 상담해 주던 정신분석가가 두 남매 사이가 어떠냐고 물어서 "거의 매일 싸운다"고 털어놓으며 한숨을 내쉬었다. 그런데 갑자기 그분이 "Congratulation(축하해)!"이라고 하는 게 아닌가. 어리둥절해하는 나에게 그는 그만큼 둘 사이에 오고 가는 게 많으니 남매 관계에 있어서는 좋은 현상이라고 했다. 심하지만 않다면 어릴 때 싸우는 건 괜찮다는 것이다.

생각해 보면 가족 사이에는 늘 갈등이 있을 수밖에 없다. 특히 형제자매는 태생적으로 부모의 사랑을 놓고 경쟁하는 관계다. 내가 더 사랑받아야 하는데 동생이 혹은 누나가 더 사랑을 받으면 시샘이 날 수밖에 없다. 그런데 가족끼리 그래서는 안 된다며 부모가 강압적으로 형제를 억누르면 그 갈등은 해소되는 게 아니라 어느 순간 풍선처럼 터져 버린다. 수습 불가능한 상태가 되어 버리는 것이다.

화목한 가정은 안 싸우는 가정이 아니라 갈등을 잘 해결할 줄 아는 가정이다. 갈등이 없는 집은 한 군데도 없으며, 그 갈등을 서로 모른 채 덮어 두거나 본체만체 살기로 작정하지 않는 이상 싸움은 피하기 어렵다. 그러니 갈등이 없으리라는 환상부터 버려라. 내 딸과 아들의 문제만 해도 그렇다. 딸이 어려서 심장 수술을 받았다. 그러다 보니 온 집안 식구의 걱정과 관심이 딸에게 쏠릴 수밖에 없었다. 아들의 입장에서 보면 어린 마음에 아무리 아프다지만 자기가 받을 사랑마저 빼앗아 가는 듯한 동생이 미웠을 수 있다. 그런데 만약 내가 "오빠인 네가 그러면 되겠니? 동생에게 양보해야지" 하고 일방적으로 혼냈다면 아들은 아마 '동생을 시기하는 나쁜 오빠'라고 자책하며 괴로워했을 것이다. 내가 못나서 엄마가 혼을 내는 거라면서 말이다. 그러므로 싸움이 벌어지면 덮어놓고 화해하라고 강요하기 전에 왜 그런 갈등이 생겼는지 찬찬히 들여다보고 그 원인을 해소하기 위해 애써야 한다.

형제자매라고 해 봐야 둘밖에 없는데 둘이 사이좋게 지내면 얼마나 좋겠는가. 하지만 애초에 너무 달라서 친하지 않은 형제자매도 있게 마련이다. 그럴 때는 굳이 사이좋게 만들려고 애쓰기보다 오히려 그 차이를 인정하는 게 좋다. "쟤는 참 나랑 안 맞아. 그런데 우리는 형제니까"라고 인정하며 형제 사이의 기본만 지켜 나간다면 큰 문제는 생기지 않는다. 오히려 문제는 억지로 둘을 붙여놓고 "싸우지 말고 사이좋게 지내라"고 강요할 때 생긴다.

부부 사이도 마찬가지다. 아이들 앞에서 싸우는 것은 되도록 피해야 하지만 싸움 그 자체가 두려워 피해 버리면 갈등이 풀리기는커녕 더 깊어진다. 게다가 아무리 숨기려고 해도 아이들은 부모 사이가 좋지 않으면 그것을 귀신같이 알아차린다. 또 아이들은 엄마 아빠 사이에 문제가 있다고 생각하지 못하고, 자기가 공부를 못하고 착하지 않아서 부모 사이가 안 좋아졌다고 생각한다. 부모 사이의 갈등을 자기 탓으로 돌리는 것이다.

그런데 미숙한 부모들은 아이의 죄책감을 부추기는 발언을 해서 안 그래도 힘든 아이를 더 힘들게 만든다. 남편에게 화가 났는데 그 화풀이를 아이한테 하는 식이다. "너만 안 태어났어도 나는 네 아빠랑 결혼 안 했을 거야." 그러면 아이는 자기의 존재 자체가 엄마 아빠를 힘들게 만든다고 생각해 과도한 죄책감에 시달리게 된다. 더 황당한 사실은 세월이 지나 아이가 그 이야기를 하면 부모가 깜짝 놀라며 자기들은 그렇게 말한 적이 없다고 한다는 것이다. 부모가 거짓말하는 것은 아니다. 왜냐하면 부모는 당시 자기의 하소연을 늘어놓을 상대가 필요했고, 마침 그 자리에 있는 아이에게 다 쏟아붓고 나서는 그 일을 잊어버렸을 따름이다. 부부 사이에 쌓인 갈등을 어떻게든 서로 풀었어야 하는데 그러지 못해 애꿎은 아이가 희생양이 되고 만 것이다.

그래서 나는 사람들에게 종종 말한다. "가족 간에 싸우지 않는 게 목표가 되어서는 안 됩니다. 중요한 건 잘 싸우는 법을 익히는 겁니다." 갈등이 생기면 빨리 그것을 인정하고 이를 해결하기 위해 서로 애쓰는 것이 중요하다. 이때 잘 싸우는 법이란 상대방을 굴복시키기 위해 싸우는 게 아니라, 서로 무엇을 양보하고 배려해야 더불어 살아갈 수 있는지를 알기 위해서 싸우는 것을 말한다. 그러므로 싸운다고 해서 무조건 불행하고, 싸우지 않는다고 해서 당연히 행복한 건 아니다. 서로 할퀴어 상처 주기 위해 싸우거나 너무 자주 다투는 것은 안 좋은 일이지만 갈등을 풀기 위해 싸우는 것은 꼭 필요하다. 갈등이 곪아 썩거나 더 이상 어찌할 수 없는 상태가 되기 전에 말이다.

아무리 부모라도
나를 함부로 대하게 놔두지 마라

"내가 그 자식 뒷바라지 하느라고 얼마나 애썼는데요. 어떻게 그럴 수가 있어요?"

언뜻 들으면 말 안 듣는 아들이나 딸을 둔 엄마의 하소연 같아 보이지만 남자 친구와 헤어진 여자의 말이다. 더 이상 사랑을 믿지 못하겠다며 나에게 털어놓은 그녀의 속사정은 이랬다. 남자 친구의 꿈은 정의로운 검사가 되는 것이었다. 그런데 집안이 가난해 늘 학비와 생활비를 버느라 온갖 아르바이트를 전전해야 했고, 그러다 보니 사법고시를 준비할 시간은 턱없이 부족할 수밖에 없었다. 다행히 운 좋게 졸업 전 대기업에 취직한 그녀는 남자의 꿈을 이뤄 주고 싶어 고시원 월세와 학원비를 모두 책임질 테니 그에게 시험 준비에만 힘쓰라고 했다.

그녀의 사정도 넉넉한 편은 아니었지만 그를 무척 사랑했기 때문에 그녀는 자신의 허리띠를 기꺼이 졸라맸다. 덕분에 친구들도 못 만나고, 변변한 옷 하나 못 사 입고, 좋아하는 영화 관람과 여행도 포기해야 했지만, 그녀는 괜찮다고 애써 스스로를 위로했다. 그런데 남자 친구는 사법고시에 합격하고 얼마 후 그녀에게 이별을 고했다.

우리는 보통 이 경우에 남자를 욕한다. 여자 친구의 경제적인 뒷받침이 없었다면 사법고시 합격은 꿈도 못 꿨을 텐데 어떻게 그런 여자를 배신할 수 있느냐고 말이다. 그녀 또한 "사랑하는 만큼 내 모든 것을 준 건데 어떻게 나를 버릴 수 있느냐"며 더 이상 사랑을 믿지 못하겠다고 했다.

'사랑은 받는 것보다 주는 것이 더 행복하다'는 말이 있다. 나는 그 말에 동의한다. 주는 기쁨은 그것을 해 본 사람만이 누릴 수 있는 큰 행복이기 때문이다. 그러나 일방적으로 주는 관계나 일방적으로 받는 관계는 사랑을 위태롭게 만든다.

여자 친구에게 늘 받기만 했던 그 남자의 마음은 어땠을까? 그녀에게 고맙다는 생각을 하면서도 그녀를 고생시키는 것에 대해 죄책감이 들었을 테고, 늘 빚진 기분에 시달렸을 것이다. 그녀가 힘들다는 하소연을 할 때면 아무것도 해 줄 수 없는 자신이 너무나 초라하게 느껴졌을지도 모른다. 사랑하는 마음보다 부채 의식이 더 커져 버리는 것이다. 그녀 역시 너무 오랫동안 주기만 하고 받는 게 없으니까 알게 모르게 불만이 생겼을 수 있다. 남자 친구가 조금만 약속 시간에 늦어도 '내가 그렇게까지 해 주는데 이거 하나 못 해 주나'라는 생각을 했을지도 모른다. 그처럼 둘 사이에 동등함이 깨진 상태에서 일방적으로 주고, 일방적으로 받는 관계가 지속되면 주는 사람은 억울하다고 느끼고, 받는 사람은 빚진 기분이 될 수밖에 없다. 그래서 사랑에 있어 일방통행은 위험하다. 너무 주기만 하거나 받기만 하는 관계는 그만큼 변질되기 쉽다. 이에 대해《왜 나는 사람들과 어울리지 못하는 걸까》를 쓴 매슈 켈리는 말한다.

"나눠 줄 수 있는 것이 내게 있고 그것을 상대방에게 줄 수 있다는 것은 기쁜 일이지만 그것이 절대 맹목적이고 무모해서는 안 된다. 상대방이 원하는 것을 모두 준다고 해서 그가 완벽해지는 것은 아니다. 당신이 사랑하는 사람들을 위해 할 수 있는 최선은 그들의 변덕과 이기적인 욕망을 채우기 위해 당신 자신을 파괴하는 것이 아니다. 당신이 사랑하는 이를 위해 할 수 있는 최선은 가장 나은 당신이 되는 것이다."

그런데 우리는 종종 내 것을 모두 포기하면서까지 상대에게 모든 것을 내주는 것을 '숭고한 사랑'이라고 우러러보며, 다 내주지 않는 것을 '덜' 사랑하는 거라고 폄하한다. "사랑한다면서 그 정도도 못 해 줘?", "가족이라면 당연히 그 정도는 해야 하는 것 아냐?"라는 말을 당당하게 하는 것이다. 그러나 아무리 가족이라도 일방적인 희생을 강요해서는 안 된다.

한 후배가 있었다. 그의 아버지는 늘 끊임없이 사업을 벌였고, 실패해서 빚을 지면 아들을 찾아가 빚을 갚아 달라고 요구했다. 후배는 아버지의 빚을 대신 갚느라 여자 친구를 사귈 엄두도 내지 못한 채 미친 듯이 일만 하며 살았다. 그런데 또다시 사업에 실패한 아버지가 빚을 들고 찾아왔고 후배는 레지던트 월급으로는 도저히 감당할 수 없다며 어떻게 해야 좋을지 모르겠다고 했다. 나는 그 후배에게 아버지에게 더 이상 돈을 해드릴 수 없다고 말하고, 그래도 안 되면 관계를 끊으라고 했다. "그래도 아버지인데 자식 된 도리를 다해야 하지 않겠느냐"라는 말을 할 줄 알았던 내가 정반대의 이야기를 하자 후배는 많이 놀란 듯했다. 하지만 나는 단호하게 말했다.

"아무리 아버지라도 안 되는 건 안 되는 거지. 의사 되는 게 꿈이었다며? 그래서 잠도 잘 못 자고 힘들지만, 하나라도 더 배우려고 뛰어다녔던 거 아냐? 그리고 레지던트를 그만두고 돈 벌어서 그 빚을 갚는다고 치자. 그러면 아버지가 다시는 사고 치지 않으실까? 또다시 아버지가 사업에 실패해서 돈을 갚아 달라고 하면 그땐 어쩔래?"

후배의 심정을 모르는 바는 아니었다. 하지만 나는 아무리 가족이라도 '밑 빠진 독에 물 붓기' 식의 일방적인 희생을 강요할 권리는 그 누구에게도 없다고 생각한다. 더욱이 자식의 인생이 어떻게 되든 말든 자기 빚을 갚아 달라고 떼쓰는 아버지를 도와줘서는 안 된다. 아버지는 절대 달라지지 않을 테고 결국 다치는 건 후배일 테니까 말이다. 아무리 상대가 부모라고 해도 받아들일 수 없는 일은 분명히 존재하며, 이 때문에 아버지와 연을 끊을 수밖에 없다면 그에 대해 죄책감을 느낄 필요가 없다.

후배는 고민 끝에 더 이상 빚을 갚아 드릴 수 없다고 했고, 레지던트 생활도 포기하지 않았다. 몇 년 뒤 후배는 나에게 찾아와 고맙다고 말했다. 자식이라는 비빌 언덕이 사라진 아버지는 이후 사업을 벌이지 않았고, 후배 또한 그토록 원하던 전문의가 되었기 때문이다. 아버지와의 관계도 오히려 그 전보다 나아졌다. 빚을 갚느라 허덕일 때는 사람들로부터 '착한 아들'이라는 소리를 들었지만 가슴속은 아버지에 대한 원망과 증오로 가득 차 있었는데, 아버지의 부탁을 거절한 뒤 이기적인 못된 아들이 되고 나니 오히려 원망과 미움이 줄어들면서 서서히 아버지에게 마음의 문을 열기 시작했다는 것이다.

아무리 부모라도 자식에게 부당한 요구를 할 권리는 없다. 자녀들은 부모의 말을 거역하는 게 마음이 불편하다고 해서 부모의 무리한 요구를 들어줘서는 안 된다. 그런 요구는 한 번으로 그치지 않으며 다음에는 더 어려운 부탁을 해 올 게 분명하다. 결국 시간이 흐를수록 관계가 좋아지기는커녕 괴로운 상태만 심해질 뿐이다. 만약 당신이 '가족'이라는 이름 아래 부모나 형제에게 계속 끌려다니고 있다면 용기를 내어 보라. "안 된다"고 명확히 선을 그으라는 얘기다. 상대방이 "이제까지 누가 먹여 주고 입혀 줬는데 그걸 모른 척을 해? 네가 인간이야?"라거나 "생판 모르는 남도 도와주는데 가족끼리 정말 이럴 거야?"라고 욕해도 단호하게 거절하라. 그래야만 당신 자신을 지킬 수 있다. 그리고 관계가 삐걱대는 것은 애초에 부당한 요구를 한 그들의 잘못이지, 안 된다고 선을 그은 당신의 잘못이 아니다.

부모도 마찬가지다. 자녀들이 부모의 희생을 당연하게 생각하는 환경을 만들어선 안 된다. "우리가 30평대 아파트에 사는 건 아빠의 노력이 부족한 탓"이라고 말하는 자식에게는 "미안하다"고 말할 게 아니라 "더 큰 집에 살고 싶으면 네가 노력해서 얻어라"라고 단호하게 말할 수 있어야 한다. 유학 중인 자식이 돈을 더 보내 달라고 떼를 쓰면 "지금 엄마는 최선을 다하고 있는데 부족하다면 네가 벌어서 쓰던가 아니면 들어오라"라고 말해야 한다.

가까운 사이일수록 사랑과 일방적인 희생을 혼동하기 쉽다. 그러나 사랑은 누군가를 살게 하지만 일방적인 희생은 누군가를 죽게 만든다. 그러므로 우리는 늘 사랑이 일방적인 희생으로 변질되지 않게끔 관계를 잘 보살펴야 한다. 아무리 상대가 가족이라 할지라도 그의 부당한 욕망을 채우기 위해 자신을 파괴하는 짓은 하지 말아야 한다는 말이다. 그러니 아무리 부모라도 부당한 요구를 해 온다면 더 이상 함부로 대하지 못하게 선을 그어야 한다. 아주 확실하게.

가까운 사이일수록 대화가 필요한 이유

영화 〈데몰리션〉은 어느 날 갑작스럽게 교통사고로 아내를 잃은 한 남자로부터 시작된다. 그런데 이상한 건 그가 아내의 죽음 앞에서 아무런 슬픔을 느끼지 못한다는 점이다. 장례식장에서 그는 혼자 거울 앞에 서서 일부러 슬픈 표정을 지어 보려고 애쓰지만 잘 되지 않는다. 슬프기는커녕 너무 무덤덤한 자신이 이상하다고 생각한 그는 결혼 생활과 관련된 것들을 뜯어 내고 해체하며 분해하기 시작한다. 무언가를 고치려면 일단 전부 분해한 다음에 뭐가 문제인지 알아내야 한다고 생각했던 것이다. 시작은 냉장고 분해. 아내가 냉장고를 고쳐야 한다고 수도 없이 이야기했는데 그녀가 죽은 뒤에야 그 말이 떠올랐다. 그는 냉장고 부품들을 하나하나 분해하면서 그

동안 자기가 아내에게 얼마나 무관심했는지를 깨닫게 된다. 뿐만 아니라 자신이 세상의 모든 것에 얼마나 무관심했는지, 주변의 모든 것들을 얼마나 무심히 스쳐 지나갔는지를 깨닫는다. 그는 냉장고 분해에 그치지 않고 아내의 기억이 깃든 집을 모조리 부수고 분해하기 시작한다. 또 뭐가 잘못된 걸까? 그러다 그는 사고가 나기 전 아내가 망가진 냉장고에 붙여 놓은 쪽지를 발견한다. 쪽지에는 그렇게 쓰여 있었다.

"바쁜 척 그만하고 나 좀 고쳐줘요."

비로소 그는 자신이 아내에 대해 너무 몰랐다는 사실을, 그리고 아내를 많이 사랑해 주지 못했다는 사실을 깨닫게 된다. 아내의 죽음이 슬프지 않았던 이유는 아내가 죽기 전부터 이미 그들의 관계는 죽어 있었기 때문이다. 그저 아내의 죽음을 계기로 그것이 수면 위로 드러난 것이었을 따름이다. 그래서 그는 아내가 죽은 뒤 처음으로 그 쪽지를 보며 눈물을 흘린다. 장례식장에서조차 흘리지 못했던 눈물을 말이다.

아내와 남편은 인간관계를 통틀어 가장 가까운 사이에 속한다. 그런데 그 관계가 '죽었다'는 말은 과연 무슨 뜻일까? 그것은 서로 같은 공간에서 잠을 자고 밥을 먹지만 서로에 대해 더 이상 아무것도 궁금해하지 않고, 상대방에 대해 알려는 그어떤 노력도 하지 않는 것이다. 그러면서도 우리는 뻔뻔하게 말하곤 한다. 가족은 나에게 가장 소중한 사람들이고, 그들은 내가 필요로 할 때 언제든 달려와 줄 것이며, 내가 무엇을 원하는지 그들은 모두 알고 있다고. 다만 사느라 바빠서 지금 잠시 서로에게 소홀한 것일 뿐이라고.

그러나 내가 결혼하고 아이를 낳아 가족을 꾸리고 30년 넘게 살면서 무섭도록 공감하는 말이 하나 있다. 사랑의 반대말은 미움이 아니다. 사랑의 반대말은 무관심이다. 우리들의 삶과 인간관계에 가장 파괴적인 힘을 발휘하는 것이 바로 무관심이다. 만약 '남편은, 아내는, 딸은 언제든 나를 이해해 줄 거야'라고 생각하며 관계 유지를 위해 아무런 노력을 기울이지 않는다면 그 관계는 죽어 버린다. 관계야말로 관심을 가지고 제때 물을 주고, 항상 보살펴야 할 씨앗이나 다름없다.

그런데 가까운 사이일수록 우리는 노력하지 않는다. 굳이 말하지 않아도 상대방이 나를 이해해 주기를 바라며, 심지어 이것을 '사랑'이라고 부르기도 한다. 하지만 단언컨대 그것은 사랑이 아니다. 말하지 않는데 어찌 알겠는가. 우리는 모른다. 남편을 모르고, 아내를 모르며, 아이들을 모른다. 아무리 가까운 사람이라도 그의 머릿속에 어떤 일이 벌어지고 있는지 절대로 알 수 없다. 그래서 물어보는 수밖에 없다. 그것이 바로 가까운 사이일수록 대화가 더 필요한 이유다.

그제의 남편과 오늘의 남편은 다르다. 그제의 아내와 오늘의 아내는 다르다. 하루 사이에 그에게 무슨 일이 벌어졌고, 그녀가 무슨 생각을 하게 됐는지 잠자코 있는 부부는 정녕 모른다. 그러니 지금이라도 물어야 한다. 당신의 걱정은 무엇이고 내가 무엇을 도울 수 있는지. 그리고 상대방에게 말해 줘야 한다. 지금 나를 힘들게 하는 것이 무엇이고, 그래서 당신의 도움이 필요하다고. 그렇게 대화를 나누며 서로에 대해 더 알아 가야 한다.

언젠가 비디오아트의 거장 백남준에 대해서 아내인 구보타 시게코가 쓴 책《나의 사랑, 백남준》을 읽다가 나를 반성하게 만든 문장이 있다.

'사랑하고 존경한다'
위대한 부인이고
위대한 요리사이고
위대한 간호사이고
위대한 작가이고

그리고 이런 내용이 100페이지는 더 계속 되는
구보타 시게코를 나는 사랑하고 존경한다.

나를 멈추게 만든 것은 백남준이 아내를 사랑하고 존경한다고 말한 부분이 아니다. 100페이지 넘게 아내에 대해 쓸 말이 있다는 것이었다. 나는 과연 남편에 대해, 아들과 딸에 대해 100페이지를 넘어서 계속 쓸 말이 있을까? 그만큼 내가 그들에 대해 많이 알고 있는지 갑자기 자신이 없어졌다. '내 남편은 의사이고, 두 아이의 아빠이고, 장남이며 책임감이 강한 리더이다'라는 말로 시작은 할 수 있지만 그 나머지는 어떻게 채워야 할까? 남편과 아이들은 나에 대해 어느 만큼의 페이지를 채울 수 있을까? 당신에게도 묻고 싶다. 당신이 지금 가장 가깝다고 생각하는 그에 대해 채울 수 있는 페이지가 어느 만큼 되느냐고 말이다.

부모와 아이 사이에 꼭 필요한 4가지

자기는 남은 음식 먹고 허름한 옷을 입어도, 아이만은 좋은 것을 먹이고 좋은 것만 보게 해 주고 싶은 게 바로 부모 마음이다. 대개 부모들은 자기 자신보다도 아이에게 공을 더 들인다. 그러나 대개 아이들은 그런 부모의 마음을 알아주지 않는다. 부모의 헌신적인 노력을 모든 부모가 다 그러지 않느냐며 당연하게 여기지 않으면 그나마 다행일 것이다. "다 너를 위해서 하는 얘기야"라는 부모의 말에 "또 잔소리하신다"라고 받아치고 자기 하는 싶은 일 하는 게 자식이다.

그런 면에서 보자면 나도 참 할 말이 없다. 나는 청개구리마냥 부모님이 하지 말라는 것들을 참 많이도 했다. 아버지는 나에게 현모양처가 되어야지, 여자가 무슨 일을 하겠다고 나서

냐며 의과대학 진학을 반대했지만 나는 기어코 의과대학에 들어갔다. 또 '딴따라' 될 게 아니면 공부나 열심히 하라고 했지만 나는 아버지 몰래 대학 연극반에 들어갔고 공연 연습에 밤도 지새우기 일쑤였다. 그처럼 나는 하지 말라는 일을 하고, 가지 말라는 길을 개척하며 살아왔고 그 결과 지금의 내가 되었다. 언젠가 엄마에게 "왜 나 결혼할 때 안 말렸어?"라고 하자 그 대답이 걸작이었다. "그런다고 네가 말을 들었겠니?" 그런데 이상하게도 아들, 딸이 나를 속상하게 할 때마다 그 말이 자꾸 떠올랐다. 그러면 서운하고 화가 나는 마음이 수그러들면서 다시금 아이 입장에서 생각해 보게 되곤 했다.

흔히 부모는 아이가 백지상태로 태어난다고 생각한다. 혼자서는 앉거나 먹지도 못하는 존재를 뭐든 할 줄 아는 사람으로 기르는 게 부모의 역할이라고 여긴다. 그래서 부모의 생각대로 아이를 이끌어가려다 간섭이나 강요를 하기도 한다. 그러나 아이는 모두 자기 나름의 청사진을 가지고 세상에 태어난다. 자기만의 발달 스케줄에 따라 때가 되면 걷고, 말하고, 판단을 내리면서 커 나간다. 그 스케줄이 다른 아이와 비교해 조금 늦을 수도 있고, 부모의 기대와 다를 수 있으며 혹은 부모의 기대에 못 미칠 수도 있다. 하지만 그렇다고 해서 부모의 마음대로 아이를 휘두르면 아이는 오히려 엇나가게 마련이다. 아이는 부모의 소유물이 아니다. 그 사실을 분명히 인식해야만 부모와 아이 모두 불행해지는 사태를 방지할 수 있다. 그렇다면 부모와 아이 사이에서 우리가 중요하게 생각해야 할 것은 과연 무엇일까?

1. 아이는 분석의 대상이 아니다

딸이 초등학교 1학년 때의 일이다. 노숙자처럼 보이는 한 남자가 쓰레기통에서 누군가 먹다 버린 햄버거를 주워 먹고 있었다. 그 모습을 지켜보던 딸이 나한테 말했다. "엄마, 저 사람한테 빵을 주면 안 돼." 얘가 사람을 차별하나 싶어 가슴이 덜컥했는데 딸이 하는 말. "저 사람한테는 빵을 주지 말고 일을 가르쳐줘야 해." 딸의 말이 맞다. 노숙자에게 지금 필요한 것은 빵일 수 있지만, 내일도 모레도 빵을 계속 먹으려면 그가 일을 해서 빵을 살 돈을 벌어야 한다. 초등학교 1학년밖에 안 된 딸이 가르쳐 주지도 않았는데 어떻게 그런 생각을 할 수 있는지 신기했다. 그런데 가만 생각해 보니 내가 너무 딸을 어리게만 보고 있었던 건 아닐까 싶었다. 딸은 이미 사람에게 뭐가 필요한지 알고 있는데 아직도 나는 내 도움 없이는 아무것도 할 수 없는 아이로만 딸을 바라본 게 아닐까 하는 반성을 하게 된 것이다.

부모들은 흔히 아이의 성공과 실패가 오로지 자신에게 달려 있다고 생각한다. 그래서 조금만 아이가 엇나가면 혼을 내고,

똑바로 하라고 다그친다. 아이의 발달 상태를 살피고, 각종 육아 서적들을 섭렵하고, 정신분석 용어도 척척 쓰며 이론으로 무장한 엄마들은 아이의 미래에 대해서도 완벽한 플랜을 마련해 움직인다. 그런데 그처럼 똑똑하고 해박한 엄마들이 나에게 상담을 받으러 오는 경우가 종종 있다. 아이에게 문제가 생겨서 왔다는데 내가 보기에는 그 엄마에게 문제가 있었다. 물론 그들은 하나같이 자신에게는 아무 문제가 없다고 항변했다. 그녀가 놓치고 있는 것은 딱 하나, 사랑이었다. "다른 아이를 볼 때는 어떻게 하세요? 뭘 잘못하면 '아우 괜찮아'라고 해 주고, 뭘 잘하면 '아이고, 잘했다' 칭찬해 주죠? 그런데 왜 당신의 아이한테는 그러지 못하나요? 다른 아이에게는 반응을 해 주는데 정작 당신의 아이는 가르쳐야 한다는 생각뿐이죠. 그런데 아이는 가르치기 전에 반응을 먼저 해 줘야 해요. 살 부비고 안아 주고 충분히 사랑을 줘야죠." 부모가 아이를 올바른 길로 인도하겠다는 일념으로 아이를 판단하고, 아이에게 필요한 것들을 제시하는 것은 충분히 사랑을 주고 난 다음이어야 한다. 아이는 수많은 실수와 실패를 해 나가면서 세상으로 나아간다. 그때 그 실수들을 용납하지 않거나 다음부터는 절대 그래서는 안 된다고 가르치는 부모 앞에서 아이는 위축된다. 그러므로 아이가 정말 잘 커 나가기를 바란다면 부모는 아이의 실수들을 따뜻하게 사랑으로 감싸고, 아이를 믿어 주고, 아이의 성장을 기다려 줄 수 있어야 한다. 미국의 상담 전문가인 비벌리 엔젤은 말했다. "어린 시절 우리가 믿고 의지하는 대상인 부모의 따뜻한 포옹은 상처 난 무릎에서 흐르는 피를 멈추게 해 준다."

2. 워킹맘은 쓸데없는 죄책감부터 버려야 한다

내가 출근하고 나면 아들과 딸을 돌보는 건 시부모님의 몫이었다. 그래서 늘 죄송한 마음이었는데 어느 날엔가 시어머니가 지나가듯 말씀하셨다. "애미 없이 크는 내 새끼, 아이고 불쌍해라." 내가 이렇게 멀쩡하게 있는데도 아이들을 엄마한테 버림받은 자식으로 만들어 버리는 시어머니가 참 야속했다. 그만두고 싶어도 남편과 같이 벌어야 살 수 있는 상황인데 나보고 어떡하라는 말인가 싶기도 했다. 안 그래도 아침마다 떨어지기 싫어하는 아이들과 실랑이를 벌일 때마다 '정말 내가 이렇게 아이들을 떼어 놓고 일을 하는 게 맞는 걸까?'라는 생각에 마음이 착잡한데 말이다. 지금이야 부부가 맞벌이하는 게 보편적이지만 20~30년 전만 해도 여자들은 결혼과 함께 회사를 그만두는 게 일반적이었기에, 나는 일을 한다는 이유로 '유별나고 잘난 척하는 못된' 며느리가 되어야 했다. 그런데 최근에 강의를 하러 갔다가 워킹맘들을 만나 보고 깜짝 놀랐다. 시대가 바뀌었는데도 집안일과 육아는 여자의 책임이라는 공식이 사라지기는커녕 오히려 교묘하게 여자들을 짓누르고 있는 현실과 마주하게 되었던 것이다.

우리에게는 많은 역할이 주어진다. 회사에서 주어진 역할 말고도 딸 노릇, 엄마 노릇, 아내 노릇, 선배 노릇, 사람 노릇 등등 해야 할 일이 많다. 그런데 어느 누구도 그 역할을 다 잘 해내지 못한다. 오죽하면 일과 삶의 균형이 이 시대의 화두가 되었겠는가. 못하니까 어떻게든 균형을 잡기 위해 노력하자는 말이 나온 것이다. 일도 완벽하게 하고, 아이도 완벽하게 키우는 슈퍼우먼은 그저 환상일 뿐이다. 때론 일에 소홀할 수밖에 없고, 때론 집안일이나 육아에 소홀할 수밖에 없는 게 사람이다. 그러니 모든 것을 완벽하게 해내지 못한다고 자책할 이유가 전혀 없다. 그런데도 괜한 죄책감에 시달리면 엄마나 아이 모두에게 좋지 않다. 애들 키우느라 일 못해서 걱정하고, 일하느라 아이를 잘 돌보지 못해 전전긍긍하다 보면 결국 그 스트레스는 아이 앞에서 폭발하게 된다.

워킹맘들에게 가장 필요한 것은 쓸데없는 죄책감은 버리고 일의 우선순위를 정하는 것이다. 꼭 해야 할 일과 안 해도 될 일을 구분하고, 중요도에 따라 일을 처리해 나가며 어떤 것들은 과감히 생략하거나 버릴 수 있어야 한다. 퇴근하고 나면 엄마의 사랑이 고픈 아이와 놀아 주는 게 우선이다. 10~20분 아이와 집중해서 놀아 주고 나서 쌓여 있는 집안일을 해도 늦지 않다. 그리고 집안일을 하루쯤 미룬다고 해서 세상이 무너지지 않는다. 그렇게 최선을 다해서 살고 있다면 그것으로 충분하다. 워킹맘은 아이를 보는 시간이 전업주부에 비해 절대적으로 부족하긴 하나 양보다 중요한 건 질이라는 사실을 잊지말아야 한다.

3. 아이를 잘 키우고 싶다면 '적절한 좌절'을 주어라

작은 일이라도 혼자 힘으로 해내면 뿌듯한 성취감을 느낀다. 그 성취감은 더 어려운 과업에 도전하게 만들고, 설사 실패한다고 해도 다시금 도전할 용기를 내게 만든다. 그런데 부모들은 아이가 힘들어하거나 어려워하면, 아이가 충분히 할 수 있는 일도 빼앗아 대신 해 버릴 때가 있다. 그처럼 뭐든 엄마가 해 주는 아이는 어려운 일에 봉착하면 자기가 해결할 생각은 안 하고 엄마부터 찾게 된다. 그리고 조금만 힘들어도 쉽게 무너지고 만다. 몇 걸음 더 걸을 수 있는데 그 기회를 주지 않고 얼른 안아 버리면, 그 순간 넘어지지 않을 수는 있어도 결국 혼자 걷지 못하는 것과 비슷하다. 그러므로 건강한 아이로 자라기를 바란다면 넘어지더라도 일어날 기회를 자꾸 주어야 한다. '적절한 좌절'을 일부러라도 줄 필요가 있다는 말이다. 그렇게 넘어지고 일어서는 연습을 충분히 해야만 아이는 살면서 부딪히는 수많은 문제와 위기도 자기 힘으로 극복해 나갈 수있다.

그런데 요즘 아이들은 좌절의 경험이 너무 적다. 아이가 원하면 어떻게든 아이의 짐을 들어 주려는 부모들이 늘고 있기 때문이다. 어린 시절 풍족하지 않은 환경 속에서 자란 부모는 그에 대한 보상 심리로 아이들이 바라는 것을 웬만하면 해 주려고 노력한다. 뭐든지 원하면 금방 가질 수 있게 된 아이들은 도통 인내할 줄을 모르며, 욕구 통제 능력이 현저히 떨어진다. 하지만 세상에 공짜는 없다. 땀 흘리지 않고 얻을 수 있는 것은 없기 때문에 인내할 줄 모르는 아이는 결국 아무것도 이룰 수 없게 된다. 반면 좌절을 겪어 본 아이는 조그만 거라도 노력해야만 얻을 수 있다는 사실을 안다. 그래서 너무 힘겨운 좌절은 위험하지만 적절한 좌절을 통해 인내하고 노력하는 법을 배우는 것은 아이에게 매우 중요하다. 부모는 힘없는 아이를 안전하게 보호해야 하지만 언젠가 넓은 세상으로 나아갈 아이에게 필요한 힘을 길러 주는 것도 중요하다는 사실을 잊어서는 안 된다.

4. 아이는 아이의 삶을, 부모는 부모의 삶을 살아야 한다

부모 노릇은 여간 쉽지 않다. 아이가 원하는 것과 부모가 원하는 것이 다를 때 화내지 않고 강요, 간섭, 구속도 없이 아이를 가르치는 게 참 힘들기 때문이다. 게다가 아이를 보면서 기쁨과 행복을 느끼는 것도 잠시, 하루하루 아이를 씻기고 먹이고 재우다 보면 가끔은 지치고 짜증이 난다. 그럴 때면 부모들은 죄책감을 느낀다. 언제나 아이에게 최선을 다해야 한다고 생각하기 때문이다. 물론 그 생각은 맞다. 그러나 아주 가끔 짜증을 낸다고 해서 자신을 나쁜 엄마, 나쁜 아빠라고 몰아세울 필요는 없다.

좋은 부모가 되고 싶은 마음을 넘어 좋은 부모가 되어야 한다는 지나친 강박관념을 가진 환자들이 종종 있다. 어린 시절 불행한 가족을 경험했던 사람일수록 좋은 부모 노릇에 대한 강박이 지나치다. 그들은 자신을 위한 잠깐의 휴식이나 여가를 허용하지 않는다. 모든 시간을 아이에게 바쳐야 부모 역할을 다하는 거라고 생각한다. 하지만 너무 지치고 힘든데도 억지로 웃으면 그게 정말 아이에게 좋을까? 아이는 엄마의 억지 미소를 기가 막히게 파악하고, 혹시나 자기가 뭔가 잘못해서 엄마가 그런 표정을 짓는 건 아닌지 불안해한다. 엄마가 자신을 싫어하는 게 아닌가 싶어 자꾸만 눈치를 보기도 한다. 그래서 힘들 때는 차라리 잠깐이라도 휴식을 취하거나 기분 전환을 한 뒤에 아이를 보는 게 좋다. 아이도 힘들고 지친 엄마를 보고 싶은 건 아니기 때문이다. 그리고 좋은 부모가 되고 싶다면 부모 자신의 삶부터 챙길 줄 알아야 한다. 아이에게는 아이의 삶이 있고, 부모에게는 부모의 삶이 있다. 아이가 원하는 건 본인의 삶을 전부 포기한 채 자기에게 매달리는 부모가 아니다. 또 못다 이룬 꿈을 자기에게 전가하는 부모도 아니다. 부모가 자기 삶을 묵묵히 걸어갈 때 아이는 그를 보며 자신의 삶을 살아갈 준비를 한다. 그러므로 부모와 자식 사이에 가장 필요한 것은 각자 자신의 삶을 잘 걸어갈 수 있도록 옆에서 응원해 주고, 지치면 토닥여 주고, 사랑한다고 말해 주는 것일지도 모른다.

남편과 아내 사이에 꼭 필요한 4가지

　남편은 밖에서 돈을 벌어 오고 아내는 집안일하며 아이를 기르는 게 당연하던 시대가 있었다. 그런데 요즘은 아이를 낳든 안 낳든, 남편과 아내 모두 일을 해서 사회적으로 성공하려 하고, 그 꿈을 이룰 수 있도록 배우자가 자신을 뒷받침해 주길 바란다. 그러다 보니 결혼 후 집안일을 어떻게 분담할 것인가, 아이는 어떻게 기를 것인가가 첨예한 문제로 떠오르고 있다. 회사에서 고되게 일하고 집에 들어오면 직접 식사를 준비하고, 설거지와 청소를 해야 하며, 각종 집안 대소사를 챙기고, 공과금을 내야 한다. 게다가 아이가 생기면 아이를 돌보느라 녹초가 되어 정작 배우자에게 내줄 시간이 거의 없다.

　그처럼 대화가 사라진 채 눈앞의 문제들을 처리해 나가는

데 급급하다 보면, 어느 순간 배우자는 그 어떤 상황에서도 나를 지지해 주는 내 편이 아니라 나에게 집안일과 육아를 다 뒤집어씌우는 웬수가 되어 버린다. 조남주의 소설 《82년생 김지영》에서 주인공인 지영 씨가 바로 그런 경우였다. 왜 빨리 아이를 가지지 않느냐는 시부모님의 압박 속에 덜컥 임신했지만, 정작 회사에서는 그런 지영 씨를 반기지 않는 분위기다. 태어날 아이를 맡길 곳이 마땅치 않아 고민 끝에 회사를 그만두고 아이를 낳았는데, 정작 어느 누구도 지영 씨가 짊어진 짐을 나누려고 하지 않는다. 지영 씨는 결국 남편에게 소리친다.

"그놈의 돕는다 소리 그만할 수 없어? 살림도 돕겠다, 애 키우는 것도 돕겠다, 내가 일하는 것도 돕겠다. 이 집 오빠 집 아니야? 오빠 살림 아니야? 애는 오빠 애 아니야? 그리고 내가 일하면 그 돈 나만 써? 왜 남의 일에 선심 쓰는 것처럼 그렇게 말해?"

누구의 잘잘못을 떠나 아직도 우리 사회에서는 집안일과 육아는 여자의 책임이며, 남자는 그를 '돕는다'는 인식이 강하다. 그러다 보니 여자들은 제2의 김지영이 되지 않으려고 결혼을 하더라도 아이는 낳지 않으려 한다. 그런데 아이를 낳지 않는다고 해서 부부 사이의 갈등 요소가 다 사라지는 것은 아니다. 사랑과 섹스에 대한 의견 차이, 남녀의 차이, 시댁이나 친정과의 관계, 30년 이상 다른 문화에서 커 오면서 굳어진 서로 다른 생활 방식과 가치관 등 부부 사이를 갉아먹는 요인들은 무수히 많다.

정신분석 전문의인 나도 부부 사이를 힘들게 하는 요인들로부터 자유롭지 못했다. 어떤 때는 결혼 생활이 너무 끔찍해서 그냥 다 집어치우고 도망가고 싶었고, 정말 이혼하겠다고 짐을 쌌던 순간도 있었다. 그렇지만 도망치지 않고 30년 넘게 결혼 생활을 유지해 오면서 깨달은 것은 아내와 남편 사이야말로 가장 가까우면서도 그만큼 먼 사이라는 사실이다. 이렇게 오묘한 부부 사이에서 아내와 남편이 모두 행복해지기 위해 지켜야 할 것은 무엇일까?

1. 서로에게 너무 많은 것을 기대하지 말 것

어려서 아버지를 여읜 한 환자가 있었다. 그녀는 아버지처럼 다정하고 따뜻한 남자를 만나 그와 결혼하기에 이르렀다. 그런데 살아 보니 남편은 아버지와 달랐다. 응석을 다 받아 주던 아버지와 달리 남편은 "여보 나 피곤해"라고 말하기 일쑤였고, 주말에도 출근하면서 미안해하지 않았을뿐더러 아내의 기분을 풀어 주려는 노력을 요만큼도 하지 않았다. 그녀는 남편의 무관심에 화가 난다고, 더 이상 같이 못 살겠다고 말했다.

그녀는 아버지로부터 못 다 받은 사랑을 남편에게서 받으려고 했다. 그러나 남편은 아버지가 아니다. 남편의 사랑과 아버지의 사랑은 애초에 다를 수밖에 없다. 그러므로 남편에게서 아버지의 사랑을 기대한 것 자체가 잘못이다. 그런데 우리는 종종 그녀처럼 배우자에게 너무 큰 기대를 건다. 특히 어린 시절 가족에게 받은 상처가 컸던 사람들은 미처 해결되지 못한 불편한 감정들을 애꿎은 배우자에게 돌리고, 그것을 다 감싸 안아 주지 않는다는 이유로 배우자를 원망하기도 한다. 물론 세상에서 가장 가까운 사이라고 생각하기에 내가 원하는 것을 상대가 다 들어주었으면 하는 마음이 클 수밖에 없을 것이다. 하지만 배우자가 아버지, 어머니 혹은 형제자매가 될 수는 없는 노릇이다. 즉 어린 시절 가족에게 바랐지만 못 받은 것을 배우자에게서 받아 내려는 마음은 잘못된 것이다. 그래서 부부 관계가 힘들어진 뚜렷한 이유를 찾지 못할 때는 상대방이 아니라 나 자신에게 문제가 있을 수도 있다. 그럴 때는 상처받은 어린 시절의 내면아이가 지금의 삶에 잘못된 영향을 끼치고 있는 것은 아닌지 돌아볼 필요가 있다. 상대방이 절대 들어줄 수 없는 것을 요구하고 있다면 자신의 과도한 기대를 낮추는 것이 무엇보다 시급하기 때문이다.

2. 그럼에도 비난은 하지 말 것

정신과 의사인 데이비드 번즈는 결혼한 지 오래된 200쌍의 부부를 대상으로 설문조사를 했다. 결혼 생활을 불행하게 만드는 원인을 찾기 위한 조사였는데 그는 최소 5~10가지 요인은 찾을 수 있을 것이라 생각했다. 하지만 조사 결과 드러난 요인은 딱 한 가지였다. 그것은 바로 비난이었다. 그래서 번즈는 비난을 친밀감을 파괴하는 원자폭탄이라고 규정지으며 무슨 일이 있어도 배우자를 비난하지 말라고 당부했다. 심리학자인 존 고트 교수도 결혼 생활을 파괴하는 요소 4가지 가운데 하나로 비난을 꼽은 바 있다.

하지만 배우자에게 비난하지 않는 것은 의외로 어렵다. 부부는 생활의 대부분을 공유한다. 상대방에게 짜증날 때도 누가 아이 밥을 챙길 건지, 누가 쓰레기를 갖다 버릴 건지, 내일 시댁에 무엇을 사 갈 건지 의논을 해야 하는 게 바로 부부 사이다. 실망이나 화 같은 부정적인 감정이 폭발 직전인데도 피해 있지 못하고 얼굴을 계속 봐야 하는 상황이 펼쳐지는 것이다. 그러면 어느 순간 날카로운 감정이 상대를 긁는 말로 튀어나와 서로를 할퀴기 시작한다. 본심은 그게 아닌데도 툭 튀어나온 말들은 서로의 가슴에 상처를 남긴다.

부부 싸움을 피할 수 없다면, 우리가 할 수 있는 최선은 아무리 화가 나도 상대방의 약점을 건드리는 비난의 말은 하지 않는 것이다. 특히 학력이나 시댁 혹은 친정에 대한 비난, 상대방의 인격 자체를 모독하는 비난은 반드시 피해야 한다. 그리고 화가 날 때는 잠시라도 혼자만의 시간을 가져서 화를 누그러뜨리는 게 필요하다. 그래야만 비난의 덫으로부터 빠져나올 수 있다.

3. 서로가 '여자'와 '남자'라는 사실을 잊지 말 것

결혼하고 세월이 흐르다 보면 가장 먼저 잊게 되는 것 중 하나가 그가 '남자'이고, 이 사람이 '여자'라는 사실이다. 나이가 들수록 부부는 서로 얼굴을 봐도 더 이상 설레지 않고, 못 볼 꼴을 보여 줘도 부끄럽기는커녕 무심해하고, 더 이상 예쁘거나 멋있어 보이려고 노력하지 않는다. 어떤 이들은 잠시라도 떨어져 있으면 죽을 것 같았던 열정적인 사랑의 시기가 지나가고, 편안하고 안정적인 사랑으로 접어든 것이라며 오히려 좋다고 말한다. 하지만 그것이 볼썽사나운 게으름이나 뻔뻔함을 포장하는 변명이 되어서는 안 된다. 또 결혼을 했다고 해서 여자이고 싶고, 남자이고 싶은 욕구가 사라지는 것은 결코 아니다. 그러므로 행복한 결혼 생활을 지속하고 싶다면 상대방을 남자로 혹은 여자로 바라볼 수 있도록, 최대한 설렘을 유지할 수 있도록 노력해야 한다.

4. 새로움의 힘은 세다

영화 〈비포 선라이즈〉에서 여자 주인공 셀린느가 했던 말을 기억하는지. "어제 네가 한 말, 오래된 부부는 서로 뭘 할지 뻔히 알기에 권태를 느끼고 미워한댔지? 내 생각은 반대야. 머리를 어떻게 빗는지, 어떤 옷을 입는지, 어떤 상황에서 말한 건지 아는 거, 그게 진정한 사랑이야." 그런데 그녀의 말과 반대로 부부는 배우자와 함께하는 시간이 늘어날수록 익숙함의 오류에 빠지기 십상이다. 언젠가부터 배우자의 단점과 결함만 찾아내면서 서로 지쳐 가는 것이다. 사랑의 심리학을 연구해 온 스토니브룩 대학교 아서 애런 교수는 재미있는 실험을 하나 했다. 결혼 생활을 오래 지속시키는 데 있어 가장 중요한 것을 찾기 위한 실험이었는데, 결혼한 지 평균 15년이 넘는 부부 53쌍을 세 그룹으로 나눴다. 그중 첫 번째 그룹에게는 일주일에 한 번씩 영화 관람 같은 익숙하면서도 즐거운 일을 하게 했고, 두 번째 그룹에게는 같이 춤을 추거나 콘서트에 가는 등 일상적이지 않은 일을 하게 했으며, 세 번째 그룹에게는 평소대로 생활하게 했다. 10주가 지난 후에 조사해 보니 두 번째 그룹, 즉 익숙하지 않은 새로운 활동을 한 부부의 결혼 만족도가 다른 부부들에 비해 현저히 높았다. 새로움이 결혼 생활을 오래 지속시키는 가장 중요한 키워드임을 발견해 낸 것이다. 나 또한 그 말에 동의한다. 아무리 바쁘고 힘들어도 부부가 새로운 무언가를 찾아 같이 해 나가는 시간을 가지면 좋다. 그 활동이 꼭 비쌀 필요는 없다. 돈 한 푼 없이도 인생을 즐길 방법은 많다. 마음이 있다면 말이다.

5. 가장 중요한 사람은 바로 '나'임을 잊지 말 것

파킨슨병을 안고 살아온 지 벌써 18년. 달라진 게 있다면 의사일 때는 병원을 직장으로 다녔는데, 이제는 환자가 되어 드나든다는 점이다. 내가 너무 아파서 살려 달라고 소리를 지르면 의사나 간호사가 주사를 놓거나 약을 처방해 줄 수는 있지만, 어쨌든 고통은 오로지 내 몫이다. 새벽에 홀로 깨어 고통이 잦아들기를 기다리는 시간은 많이 외롭고 쓸쓸했다. 하지만 크나큰 고통이 지나가고 잠시 괜찮아지면 고통을 견딘 내가 참 자랑스럽기도 했다. 그런 날이 하루하루 쌓여 오늘을 살고 있는 나는 이제 안다. 내 인생은 누구도 대신 살아 주지 못한다는 사실을, 내 행복 또한 내가 만들어 가는 것임을 말이다. 예전에는 내가 행복하지 못한 게 남편과 결혼했기 때문이고, 남편이 너무 바빠 가정을 돌보는 데 소홀하기 때문이라고 생각했다. 그래서 너무나 당연하게 남편을 원망하고 또 원망했다. 그런데 나는 왜 그때 내가 그 행복을 만들 생각은 미처 못 했던 걸까. 내 아픔을 남편이 대신 겪어 주지 못하는 것처럼, 내 인생을 남편이 대신 살아 주지 못하는 것처럼, 내 행복 또한 남편이 만들어 줄 수 있는 게 아니었는데 말이다. 남편에게는 나를 행복하게 만들 책임이 없다. 나를 행복하게 만드는 것은 오로지 나 자신이다. 거꾸로 나에게는 남편을 행복하게 만들 책임이 없다. 그 사실을 깨닫고 나니 남편을 원망하던 마음이 사라지고, 아픈 아내 곁을 어떻게든 지켜주려고 애쓰는 남편이 보이기 시작했다. 내 인생은 오로지 내 몫인데도 "밥은 좀 먹었어?", "오늘은 좀 괜찮아?"라고 늘 걱정하고 챙겨 주는 남편이 옆에 있어 참 다행이라는 생각이 들었다. 그래서 나는 이혼을 고민하는 사람들에게 이렇게 말한다. "이혼은 언제든 할 수 있어요. 가장 소중한 건 당신이고, 당신의 인생이에요. 중요한 건 남편이나 아이들의 인생을 걱정하면서 그들의 행복을 위해 당신 자신을 잃어버리면 안 된다는 거예요. 당신을 지켜줄 수 있는 건 오로지 당신뿐이니까요."

며느리는 절대 딸이 될 수 없고, 사위는 아들이 될 수 없다

얼마 전 친한 친구들이 모인 자리에서 한 친구가 말했다. "세상에, 나는 내 아들이 그럴 줄 몰랐다. 예전에는 안 그랬는데 결혼해서는 자기 마누라만 싸고돌아. 걔가 나한테 어떻게 그럴 수 있니?" 나는 피식 웃음이 났다. "아니, 아들이 결혼했으면 며느리랑 맞춰 가야지, 왜 너한테 맞춰야 된다고 생각해?" 친구의 아들은 이제 아무것도 할 줄 몰라 부모의 보살핌을 필요로 하는 아이가 아니다. 사랑하는 여자를 만나 결혼을 해서 한 가정을 꾸릴 만큼 성장했고, 앞으로 자기 아내와 하나씩 맞춰 가는 것이 옳다. 물론 나도 결혼할 나이의 큰아들을 두고 보니 친구의 서운함이 이해가 안 되는 건 아니었다. 아무리 사랑하는 여자를 만났더라도 "엄마가 더 먼저지"라고 해 줬으면 좋겠다. 그러다가도 '내가 이러면 안 되지' 하고 스스로 다독인다.

딸이 결혼하면 사위가 생기고, 아들이 결혼하면 며느리가 생긴다. 그런데 우리는 새 가족을 맞이하면서 모르는 사이에 폭력을 휘두른다. 팔짱을 끼고 '당연히 네가 우리 집에 맞춰야지' 하는 태도로 며느리와 사위의 모든 행동을 주시하는 것도 모자라 마음에 안 드는 구석이 생기면 옳다구나 타박을 한다. 마치 우리 집 사람들에게 잘 보이지 않으면 당장 해고를 할 것처럼 말이다. 그러나 며느리와 사위는 갓 입사해 그 회사의 룰을 배우고 익히면서 월급을 받는 신입사원이 아니다. 굳이 설명하자면 그들은 너무나 다른 환경에서 30여 년을 커 왔기 때문에 우리 집 문화가 낯설 수밖에 없는 외국인이나 다름없다.

한국 문화를 전혀 모르는 외국인을 만났을 때 당신은 그를 어떻게 대하는가? 아마도 당신은 한국 문화에는 이런 게 있다며 친절하게 소개도 해 줄 테고, 만약 먹기를 꺼리는 음식이 있으면 권유는 하되 먹지 않아도 된다고 말할 것이며, 하기를 꺼리는 행동이 있으면 기꺼이 그 차이를 존중해 줄 것이다. 그리고 천천히 한국 문화에 적응할 때까지 기다려 줄 것이다. 며느리와 사위도 마찬가지다. 결혼은 전혀 다른 두 문화가 만나는 것이다. 그러므로 그 차이를 존중하는 태도가 필요하다. 하루라도 빨리 '우리 가문의 한 사람으로 만들어야지'라며 며느리나 사위를 개조하려고 해 봐야 더 불편한 사이가 될 뿐이다. 30여 년 넘게 다른 문화에서 커 온 그들이 무조건 시댁이나 처가의 문화에 맞추라고 해서 따라야 할 의무도 없거니와, 아무리 맞추려고 노력해도 다 맞출 수는 없기 때문이다. 하물며 내가 낳은 딸도 내 맘에 안 들 때가 있는데, 며느리가 어떻게 내 마음에 꼭 들겠는가. 그리고 며느리와 사위가 같이 살 사람은 내가 아닌 내 아이들이다. 아마도 그들은 우리 집과는 또 다른 문화를 만들어 갈 것이다.

그러므로 새 가족을 맞이할 때는 '오픈 마인드'가 중요하다. 서로 다른 것들이 동화되려면 그만큼 시간이 걸리기 때문에 우선 낯선 집안에 들어온 며느리나 사위가 적응할 때까지 기다려 줘야 한다. 그리고 우리 집 방식만 옳다는 고집을 버리고 며느리나 사위의 좋은 점이 있으면 그것을 '쿨'하게 인정하고 받아들이는 것도 필요하다. 그렇게 서로 맞춰 가려고 노력하되 그 목표를 아들이나 딸 같은 관계를 맺는 데 두지 않기를 바란다.

남편은 요새 사위 전화를 받으면 주변 사람들에게 자랑하기 바쁘다. "야, 너는 장인한테 전화 자주 하냐? 오늘 내 사위가 전화했어." 사위가 생긴 지 2년쯤 되었는데 남편은 별 기대하지 않았던 사위가 안부 전화를 걸어올 때마다 무척 기뻐했다. 반면 아들은 당연히 아버지한테 전화해야 하는 거 아니냐며 아들에게 전화를 못 받으면 서운해한다. 이렇게 사위에게 바라는 것과 아들에게 바라는 것이 다르며, 그것이 사위와 아들의 차이이고 그 거리는 어쩔 수 없다. 사위는 절대 아들이 될 수 없다. 마찬가지로 며느리도 절대 딸이 될 수 없다. 그러므로 "앞으로는 딸처럼 대할게, 너도 나를 친정엄마라고 생각해"라는 시어머니의 말은 실현 불가능한 소망이다. 시어머니야 그만큼 친해지자는 뜻에서 한 말이겠지만, 그런 말을 자주 할수록 며느리는 부담감에 짓눌려 오히려 튕겨 나갈 수 있다.

모든 관계에는 한계가 있고, 서로 그 한계를 빨리 인정할 때 오히려 관계가 발전한다. 그 대표적인 예가 바로 며느리와 시어머니의 관계가 아닐까 싶다. '왜 나는 시어머니가 여전히 불편한 걸까?'란 고민을 하는 며느리는 시어머니와 계속 평행선을 달릴 수밖에 없지만 '불편하지만 그래도 우리 가족을 염려해 주는 시어머니' 혹은 '불편하지만 그래도 내 아들과 살아 주는 고마운 며느리'라고 생각하면 불편한 감정 사이로 감사가 싹트게 마련이다. 그러면 불편하기만 했던 관계도 서서히 발전해 조금은 편해진다. 그 정도 거리면 충분하지 않을까?

딸의 결혼을 지켜보며 깨달은 것들

　딸은 세 살 때 심장병을 앓았다. 큰 수술을 앞둔 어느 날 딸이 나에게 말했다. "하늘은 참 나빠. 사람이 태어났으면 행복하게 살게 해 줘야지, 왜 이렇게 아프게 해?" 그 말을 듣는 나는 가슴이 미어졌다. 왜 부모인 나는 멀쩡한데 내 딸이 아파야만 하는지, 저 조그만 것이 무슨 잘못을 했다고 이렇게 가혹한 시련을 견뎌야만 하는지 신이 정말 원망스러웠다. 그런데 더욱 속상한 것은 기댈 곳도 신밖에 없다는 사실이었다. 나는 신에게 뭐든지 다 할 테니 제발 내 딸만은 살려 달라고 빌었다. 다행히 수술이 잘 끝나 딸은 건강을 회복했다. 그 뒤로 나는 딸에 대한 모든 욕심을 버렸다. 그저 건강하게만 자라 주기를 바랐다. 그 딸은 어느덧 스물일곱 살이 되었고 결혼하고 싶은 남자가 생겼다며 집으로 데리고 왔다.

'누구나 한 번은 부모나 스승으로부터 떨어져 나오는 걸음을 내딛지 않으면 안 된다.'

대문호 헤르만 헤세의《데미안》에 나오는 말이다. 34년 전나는 결혼을 하면서 부모님으로부터 떨어져 나왔다. 그리고 3년 전에는 딸이 결혼을 하면서 독립하는 모습을 지켜보았다. 내가 독립할 때는 그저 내 인생을 어떻게 만들어 갈까 설레는마음에 부모님의 마음을 헤아릴 겨를이 없었다. 그런데 딸이막상 결혼을 한다고 하니 솔직히 기쁘지만은 않았다. 딸이 좀더 내 곁에 머물러 주었으면 좋겠다고 생각하면서 결혼 준비에 한껏 들떠 있는 딸에게 서운한 마음이 들기도 했다. 아직까지도 딸이 마냥 어리게만 보이는 것 또한 어쩔 수 없었다. 그제야 나는 부모로서 2차 관문에 들어섰음을 알게 되었다. 자식을품 안에서 보호하고 보살피던 역할에서 벗어나 다 큰 자녀를떠나보내고 그 자녀가 자기 가정을 이루고 사는 모습을 지켜보는 역할을 맡게 된 것이다. 그렇게 딸의 독립을 앞두고서 심란해하는 나를 돌아보며 자녀의 독립을 진짜로 두려워하는 건둥지를 떠나는 자녀가 아니라 그 자녀를 떠나보내야 하는 부모일지도 모른다는 생각을 하게 되었다.

아이가 멋지게 독립해서 자신의 인생을 씩씩하게 헤쳐 나가는 모습을 보고 싶으면서도, 정작 독립을 받아들일 준비는 하지 못한 부모들. 그들은 은연중에 자녀에게 "너는 세상을 너무 몰라. 얼마나 험한 곳인데"라며 겁을 준다. 그래야 자녀가 두려운 마음에 자신들의 곁을 떠나지 않을 것 같기 때문이다. 여전히 자녀가 자신들에게 의존하고 밀착해 있기를 바라는 것이다. 그러나 자녀의 독립을 막을수록 자녀는 엇나가게 된다. 독립을 막는 부모에게서 벗어나는 게 목표가 되어 버려 정작 독립했을 때는 무엇을 해야 할지 몰라 서성이는 바보가 되어 버리기도 한다. 그러므로 더 늦기 전에 부모는 자녀를 곁에 두고 싶은 욕심을 버려야 한다. 자녀가 어엿한 사회의 일원으로 살아가면서 잘 되기를 바란다면 말이다.

사람들은 독립은 좋은 것이지만 한편으로 관계가 멀어지는 슬픈 일로 받아들이기도 한다. 하지만 자녀의 독립은 부모와 자녀의 관계가 소원해지는 게 아니라, 관계가 성장하면서 서로의 역할이 달라지는 과정의 시작일 뿐이다. 이제 자녀는 독립해서 자신의 가정을 일구어야 한다. 그때 부모가 할 일은 절대적인 보호자 역할에서 벗어나 든든한 베이스캠프가 되는 것이다. 에베레스트 같은 고산을 오를 때 원정대는 베이스캠프를 먼저 설치한다. 원정대가 휴식을 취하면서 만반의 준비를 하는 전진기지이자 안식처인 셈이다. 그래서 원정대는 정상을 공략하다가 여의치 않으면 베이스캠프로 돌아와 쉬면서 기운을 충전한다. 어른이 된 자녀에게 필요한 것은 바로 베이스캠프다. 실패하거나 좌절했을 때 잠시 돌아와 편안히 쉬면서 위로를 얻는 곳. 그래서 혼자가 아니라는 사실을 확인하고 다시 도전할 힘을 얻는 곳이 바로 가족이라는 이름의 베이스캠프인 것이다.

지치고 힘든 자녀에게 그 자신의 가능성을 믿어 주는 가족은 든든한 힘이 된다. 하지만 결국 정상에 오르기 위해 도전하는 것은 자녀의 몫이다. 독립한 자녀가 여전히 불안하고 못 미덥고 걱정될 수 있다. 하지만 그렇다고 다 큰 자녀의 일에 사사건건 간섭하고, 훈수를 두면서 자녀의 인생을 쥐고 흔들려고 해선 안 된다. 어차피 떠날 자녀에게 그것은 또 다른 정신적 부담과 마음의 상처가 될 뿐이다. 둥지를 떠나는 자녀에게 부모가 해 줘야 할 것은 바로 축하와 격려다. 자신의 삶을 스스로 개척하려는 자녀에게 용기를 북돋워 주는 일이다. 그래야 독립한 자녀는 의무감이 아니라 마음에서 우러나와 부모에게 연락을 한다. 가족이 진정한 마음의 베이스캠프 역할을 하게 되는 것이다.

"어머니는 기대야 할 존재가 아니라 기대는 것을 불필요하게 만들어 주는 존재다." 미국의 작가 도로시 캔필드 피셔의 소설《며느리》에서 어머니의 역할을 요약해 놓은 문장이다. 나는 딸이 결혼해서 사는 모습을 옆에서 지켜보며 그 말의 의미를 새삼 깨닫고 있다. 아직까지도 딸을 보호해야 할 아이로 생각하고 있었는데, 딸은 이미 씩씩한 어른이 되어 있었다. 그나마 다행인 것은 딸에게 그 마음을 내색한 적이 없으며 그럴 수 있었던 건 딸이 알아서 잘할 것이라는 믿음 덕분이었다. 가끔 딸과 통화하다 보면 딸이 나보다 낫다고 생각할 때가 있다. 그러면 내가 한 게 아무것도 없음에도 괜히 마음이 뿌듯하다. 그래서 생각한다. 어쩌면 부모와 다 큰 자녀가 서로에게 해 줄 수 있는 가장 큰 선물은 각자 자신의 인생을 잘 살아가는 모습을 보여 주는 게 아닐까. 서로 사느라 바쁘면 연락이 뜸할 수도 있고, 때론 어떻게 지내는지 잘 모를 수도 있다. 하지만 그렇다고 관계가 멀어지는 것은 결코 아니다. 3년 전 딸이 그렇게 바라던 아이를 갖고 얼마 안 되어 유산했을 때 나는 딸을 가만히 안아 주었다. "네 잘못이 아니야, 알지?"라는 말과 함께 말이다. 그러면 되는 것 아닐까. 더 무엇이 필요할까.

사랑하는 연인 사이에
필요한 최적의 거리

"저는 그 사람을 너무 사랑해요. 그가 떠난다면 저는 차라리 죽고 말 거예요."

"그 친구 사귀는 동안 단 한 번도 마음 편하게 다른 친구들을 만난 적이 없어요. 저를 어찌나 숨 막히게 하는지 이러다가는 제가 죽을 것 같아요."

첫눈에 반해 마법처럼 사랑에 빠진 그들. 그런데 1년이 지난 지금, 남자를 보지 못하면 한시도 견딜 수 없게 된 그녀는 자신의 모든 생활을 그에게 철저히 맞추었다. 반면 남자는 여자가 24시간 내내 자신의 일거수일투족을 감시하는 것 같다며 치를 떨고 괴로워한다.

1년 전 막 사랑을 시작할 때만 해도 그렇지 않았다. 목소리만 들어도 가슴이 떨렸고, 맛있는 걸 먹으면 '다음에는 꼭 같이 먹어야지' 생각하고, 좋은 것을 보면 같이 못 온 게 너무 아쉽고, 무엇을 해도 상대방이 제일 먼저 떠올랐다. 그래서 헤어지면 금방 또 보고 싶어서 새벽까지 휴대전화를 붙들고 이야기를 나누었다. 마치 잃어버린 자기의 반쪽을 찾은 듯 기쁨과 환희로 들떠 있었고, 사랑의 열병에 빠진 것처럼 정신을 차릴 수가 없었다. 그런 그들이 왜 1년 만에 헤어지지 못해 괴로워하는 사이가 된 걸까?

사람들은 '사랑'이라고 하면 으레 '사랑에 빠지는 것(falling in love)'을 떠올린다. 하지만 그것이 사랑의 전부는 아니다. 사랑은 열정적으로 사랑에 빠지는 단계에서 사랑을 '하는' 단계를 지나 사랑에 '머무는' 단계로 나아간다. 사랑에 빠진 두 사람은 세상과 격리된 채 마치 하나가 된 것처럼 황홀함을 즐긴다. 그러다 사랑을 하는 단계에서는 각자의 에너지를 한 방향으로 서서히 맞추어 가면서 새로운 세계를 창조해 간다. 그리고 마지막 사랑에 머무는 단계로 나아가면 편안하고 따스한 관계 속에서 휴식을 취하며 세상을 살아갈 힘을 얻는다. 둘만의 낭만적이고 열정적인 사랑에서 세상과 연결된 차분하고 안정된 사랑으로 탈바꿈하는 것이다.

그런데 우리는 열정적인 감정이 식으면 어떻게 사랑이 변하느냐며 마치 사랑이 끝나기라도 한 것처럼 불안해하고 슬퍼한다. 하지만 열정적이고 강렬한 사랑은 외부 세계와는 격리된 채 둘만의 관계에만 몰두하는 상태기 때문에 일을 하고 다른 사람들을 만나는 등의 일상생활에는 지장을 준다. 너무 뜨거운 사랑의 불꽃이 두 사람은 물론 주변까지 폐허로 만들어 버리는 것이다. 그러나 열정적인 사랑만이 진실하다고 믿는 사람들은 결국 사랑에 머무는 단계에 이르지 못한 채 사랑을 끝내 버린다. 그리고는 다시 하나가 된 듯한 짜릿함과 황홀함을 맛보기 위해 다른 사람을 찾아 나선다.

다행히 그 관문을 무사히 통과했다고 해도 바로 사랑에 머무는 단계로 갈 수 있는 것은 아니다. 사랑을 오래 지속시켜 나가려면 '따로 또 같이'라는 관문을 또다시 통과해야만 한다. 사람은 누구나 타인과 가까워지고 싶어 하면서도 동시에 고유의 독립성과 자율성을 지키고 싶어 하는 이중적인 욕망을 가지고 있다. 즉 누군가와 가까워지면 그 상대에게 전부 흡수되어 내가 없어지거나, 상대에 의해 휘둘릴지도 모른다는 두려움이 들면서 자율성을 지키고 싶다는 욕구가 나타나게 마련이다. 그래서 어느 한쪽이 떨어져 있는 상태를 지나치게 못 견디면 다른 한쪽이 고유의 자율성을 침해당한 데 대한 분노를 터트림으로써 문제가 생기게 된다. 바로 위에서 살펴본 연인처럼 말이다. 그러므로 사랑을 오래 지켜 나가기 위해서는 둘만의 친밀함을 유지하면서도 서로 떨어져 있는 시간을 견딜 수 있어야 한다. 즉 '따로 또 같이'가 가능하기 위한 거리가 필요한 것이다.

아기는 엄마와 잠시라도 떨어져 있으면 불안해한다. 엄마의 뱃속에서는 엄마와 하나로 이어져 있었는데, 세상 밖으로 나오면서 엄마와 떨어지게 되었기 때문이다. 그래서 어디서든 엄마를 찾는다. 그럴 때마다 엄마가 사랑스러운 눈길을 화답하면 아기는 안심하고 혼자 있어도 크게 두려워하지 않는다. 이처럼 엄마가 늘 내 곁을 지켜 줄 것이라는 믿음 속에 자라난 아이는 혼자 있어도 불안에 떨지 않는다. 반대로 엄마를 찾을 때 엄마가 보이지 않으면 아기는 엄마가 이대로 자기를 떠나 버릴까 봐 몹시 두려워한다. 이런 불안감 속에서 자란 아이는 어른이 되어서도 혼자 있기를 꺼리고 매 순간 사랑하는 이가 자신을 버리고 떠날까 봐 걱정한다. 그래서 관계에 모든 것을 바치고, 마치 아메바처럼 상대와 합쳐지려 한다. 잠시라도 떨어져 있으면 못 견디는 것이다. 그러나 그런 사랑은 상대방을 숨 막히게 만들어 결국 그가 떠나가게 만들 뿐이다.

그러므로 사랑하는 사람과 오래도록 사랑을 이어가고 싶다면 반드시 '따로 또 같이' 할 수 있는 능력을 길러야 한다. 서로의 친밀감 안에서 자신을 기꺼이 열 수 있는 능력과 함께 주기적으로 홀로 있을 수 있는 능력을 키워야 하는 것이다. 그러기 위해서는 연인들에게는 밀착과 분리에 대한 상호 합의가 꼭 필요하다. 주기적으로 다른 관계도 보살피고 싶은 욕구가 있음을 당당하게 밝힐 수 있어야 하고, 당연히 그럴 때는 상대방이 잠시 떠날 수 있도록 배려해야 한다. 그런 과정을 거치면서 연인은 혼자서 무엇을 하든 상대방이 늘 자신과 함께할 것이라는 믿음을 갖게 되어 상대에게 진심으로 고마움을 느끼며 사랑에 머무르는 상태에 이르게 된다. 사회학자 라쉬의 표현에 따르면 '차가운 세상에 있는 천국'을 만나게 되는 것이다.

사랑하는 연인 사이에도, 아니 사랑하는 사이일수록 더욱더 거리는 필요하며, 그것은 언제든 '따로 또 같이'가 가능한 거리여야 한다. 가끔은 그 거리가 너무 멀어 불안하게만 느껴질 때 칼릴 지브란의 시 '함께 있되 거리를 두라'가 위로가 될 것이다.

함께 있되 거리를 두라.
그래서 하늘 바람이 너희 사이에서 춤추게 하라.
서로 사랑하라. 그러나 사랑으로 구속하지는 마라.
그보다 너희 혼과 혼의 두 언덕 사이에
출렁이는 바다를 놓아 두라.

서로의 잔을 채워 주되 한쪽의 잔만을 마시지 마라.
서로의 빵을 주되 한쪽의 빵만을 먹지 마라.

함께 노래하고 춤추며 즐거워하되 서로는 혼자 있게 하라.
마치 현악기의 줄들이 하나의 음악을 울릴지라도
줄은 서로 혼자이듯이.

서로 가슴을 주라.
그러나 서로의 가슴속에 묶어 두지는 마라.
오직 큰 생명의 손길만이 너희의 가슴을 간직할 수 있다.
함께 서 있으라. 그러나 너무 가까이 서 있지는 마라.
사원의 기둥들도 서로 떨어져 있고
참나무와 삼나무는 서로의 그늘 속에선 자랄 수 없다.

외롭다고 아무나 만나지 마라

울지 마라

외로우니까 사람이다

살아간다는 것은 외로움을 견디는 일이다

공연히 오지 않는 전화를 기다리지 마라

눈이 오면 눈길을 걸어가고

비가 오면 빗길을 걸어가라

갈대숲에서 가슴 검은 도요새도 너를 보고 있다

가끔은 하느님도 외로워서 눈물을 흘리신다

새들이 나뭇가지에 앉아 있는 것도 외로움 때문이고

네가 물가에 앉아 있는 것도 외로움 때문이다

산 그림자도 외로워서 하루에 한 번씩 마을로 내려온다

종소리도 외로워서 울려 퍼진다

-정호승의 시, '수선화에게'

　살다 보면 때로 격한 외로움이 밀려온다. 이때 외로움은 마치 나를 '벌거벗은 존재', '아무것도 아닌 존재'처럼 느끼게 만든다. 그것은 매우 견디기 힘든 고통을 동반하기 때문에 사람들은 외로움을 두려워한다. 그래서 애써 피하거나 강박적으로 타인과 관계를 맺음으로써 외로움을 없애려고 노력한다.

　그런데 요즘 사람들은 상처받는 것을 무척이나 꺼린다. 그러다 보니 적당히 거리를 두고 가볍게 사람을 만난다. 친밀한 관계를 맺으려면 자기 내면을 드러내야 하는데, 약하고 초라한 내면을 보이는 순간 상대가 실망하고 떠나 버릴까 봐 두렵기 때문이다. 그래서 그들은 열등하고 무기력한 모습을 감추려 하고, 없어도 있는 듯이 위장을 하고, 못하는 것도 잘하는 양 으스댄다. 이러한 자기 과시적인 만족은 실체가 없는 거품 같은 것이어서 늘 타인의 경탄과 환호가 있어야만 유지될 수 있다. 이때 타인이 꼭 누군가여야 할 필요는 없다. 어차피 타인은 자신이 얼마나 우월하고 특별한가를 보여 주기 위한 도구일 뿐이니까 말이다.

　그러다 보니 그들은 누군가에게 사랑을 느끼다가도, 그 상대가 더 이상 만족감을 주지 못하거나, 상대에게 실망스러운 점이 보이면 곧바로 헤어지자고 말한다. 그들에게 중요한 것은 자신이지, 결코 상대방이 아니다. 그들에게 상대방의 감정은 전혀 고려 대상이 아니다. 그들은 헤어질 때도 슬픔을 느끼기보다 아예 자신의 감정을 거두어 버리고 아무 일도 없다는 듯 쉽게 돌아서서 곧 다른 대상을 찾아 나선다. 감각적이고 순간적인 사랑을 즐기다 쉽게 좌절하고 분노하고, 그 책임을 얼른 상대에게 전가하며 쉽게 헤어지는 것이 그들의 사랑 방식인 것이다. 누군가가 "그러지 말고 진지하게 사람을 만나 봐"라고 하면 그들은 "피곤해. 혼자가 편해"라고 말할 뿐이다.

외로움도 싫고 상처받는 것은 더 싫어서 가벼운 만남만 선호하는 사람들. 그런데 왜 그들은 자신이 원하는 삶을 살면서도 만성적인 불안과 공허감에 시달리는 걸까? 그들은 애써 '쿨'한 척하지만 마음속 깊이에는 타인의 애정과 보살핌을 제대로 받지 못해 상처 입은 어린아이가 숨어 있다. 그 어린아이는 완벽하지 못한 자신은 절대로 사랑받을 수 없다고 생각한다. 그래서 가까워진다는 것은 헤어지는 것만큼이나 고통스러운 일이다. 가까워지기 위해선 불완전한 자기 내면을 보여 주어야 하기 때문이다. 하지만 그것은 착각이다. 완벽하지 않아서 사랑받지 못하는 게 아니라, 상처받기 두려워 마음을 열지 않기 때문에 상대방이 지쳐서 떠나가는 것이다.

게다가 외롭다고 가벼운 만남만 즐기다 보면 오히려 상처를 입을 확률이 높다. 으스대는 외면에 가려진 초라한 내면을 들킬까 봐 늘 불안하고, 상대방도 혹시 무언가를 감추고 있는 게 아닌가 하는 의심을 거두지 못하기 때문에 서로 끊임없이 탐색하느라 피곤하다. 그래서 진정성이 결여된 만남은 사람을 지치게 만들고 공허함에 시달리게 하며, 결국 외로움만 더 깊게 느끼도록 만들 뿐이다.

누구나 자기가 좀 못생겨도, 공부를 좀 못해도, 말을 잘 못해도, 좀 서툴러도, 있는 그대로의 모습으로 사랑받고 싶어 한다. 내가 뭘 잘해야만 사랑받는 게 아니라, 뭘 못해도 그냥 있는 그대로 사랑받고 싶은 것이다. 그런데 그러기 위해서는 먼저 상처 입을 각오를 해야 한다. 아무리 사랑하는 사이라도 서로를 완전히 이해하기란 불가능하기에 갈등이 생길 수밖에 없는데, 그 갈등을 해결하다 보면 어쩔 수 없이 크고 작은 상처를 입게 마련이다. 즉 상처 없는 사랑은 애초에 없다.

그런데 상처가 두려워 마음속에서 울고 있는 아이를 그냥 내버려 두면 그 아이는 영영 자라지 못한다. 그 아이에게도 상처를 털고 일어나 성장할 기회를 주어야 한다. 다행히 사랑은 그것을 가능하게 만든다. 사랑하는 사람들이 아이처럼 말하고 유치한 장난을 치면서 깔깔거리는 모습을 본 적이 있는가. 그것은 사랑을 갈구했지만 사랑 대신 상처만 입은 과거의 어린 아이로 돌아가 다시 사랑을 갈구하는 모습이나 다름없다. 그런데 이번에는 과거와 달리 상처 대신 사랑이 온다. "그래도 나 예쁘지?"라고 물으면 사랑하는 이에게서 "넌 어떻게 해도 예뻐"라는 피드백을 받는 것이다. 그러면 그 아이는 행복해져서 다시 성장할 용기를 내게 된다. 아무리 사랑에 치여도 사람들이 다시 사랑을 찾아 떠나는 이유는 바로 여기에 있다. 사랑을 마음껏 주고받는 것만큼 세상에 행복한 것은 없으며 그로 인해 외로운 내 인생이 조금이나마 덜 외롭기 때문이다.

그러니 외롭다고 아무나 만나지 마라. 법정 스님은 인연을 맺는다는 것에 대해 이렇게 말했다. "함부로 인연을 맺지 마라. 진정한 인연과 스쳐 가는 인연을 구분해서 인연을 맺어야 한다. 진정한 인연이라면 최선을 다해서 좋은 인연을 맺도록 노력하고, 스쳐 가는 인연이라면 무심코 지나쳐 버려야 한다. 그것을 구분하지 못하고, 만나는 모든 사람들과 헤프게 인연을 맺어 놓으면 쓸 만한 인연을 만나지 못하는 대신에 어설픈 인연만 만나게 되어 그들에 의해 삶이 침해되는 고통을 받아야 한다. 인연을 맺음에 너무 헤퍼서는 안 된다. 옷깃을 한번 스친 사람들까지 인연을 맺으려고 하는 것은 불필요한 소모적인 일이다." 우리가 살아가는 동안 아름답게 가꿔 나가야 하는 인연은 우리 자신과 상대방 모두를 진정으로 성장시키는 관계다. 아무나 만나고 다니며 그냥 흘려보내기엔 당신의 인생이 너무 아깝지 않은가.

사랑에 대한 최소한의 예의

심리학자 에리히 프롬에 의하면 '준다'는 것의 의미는 자기의 잠재력을 발휘하는 것이다. 즉 내가 살아 있고 자신이 충만하기 때문에 나의 능력과 힘을 나누어 줄 수 있다는 얘기다. 그러니 사랑을 통해 내가 가진 무언가를 남에게 주는 경험을 한다는 건 아주 뜻깊은 일이다.

그런 면에서 보자면 준다는 행위는 아무나 쉽게 할 수 있는 일이 아니다. 그리고 무엇인가를 준 만큼 받고 싶은 것 또한 사람의 마음이다. 사랑을 주면 사랑을 받고 싶은 게 당연하다는 말이다. 그런데도 자신은 상대에게 아무것도 바라지 않으며 그저 주는 사랑이 더 편하고 좋다고 말하는 이가 있다면, 먼저 그의 속마음부터 살펴야 한다. 그가 대가 없이 주는 데는 나름의 이유가 있기 때문이다.

아무리 사랑해도 나를 함부로 대하게 놔두지 마라

늘 괜찮다며 화를 낼 줄 모르는 한 남자가 있었다. 그는 첫눈에 한 여자에게 반해 2년 동안 쫓아다녔고 결국 사귀게 되었다. 그는 그녀가 원하는 것이라면 다 들어주고 싶었다. 그래서 담배도 끊고 술도 끊고 출퇴근 때문에 고생하는 그녀를 위해 자신의 차를 내주었다. 덕분에 출근 시간만 50분에서 2시간으로 늘어났지만 괜찮았다. 그뿐이 아니었다. 데이트 비용을 전부 대는 것도 모자라 그녀가 친구들과 해외여행 가고 싶은데 돈이 없다고 말하자 선뜻 자신의 적금을 깨어 경비를 마련해주었다. 그런데 알고 보니 그녀는 친구들이 아닌 다른 남자와 해외여행을 떠났다. 그녀에게 그는 쇼핑을 책임지는 통장이자 필요할 때 부르면 언제든지 달려오는 짐꾼이자 대리기사일 따름이었다. 그런데도 그는 괜찮다고 말했다. 자기는 그녀를 사랑하며, 그녀도 언젠가 자신의 사랑을 알아줄 것이라는 말만 되풀이했다. 아니 알아주지 않아도 괜찮다고 했다. 줄 수 있어 행복하다는 것이다.

사랑하는 관계에서 한쪽이 다른 한쪽을 더 많이 사랑할 때,

더 사랑하는 사람이 약자가 되는 경우를 종종 목격한다. 약자는 늘 상대방의 기분을 살피고, 무엇이든 그에 맞추려고 노력하게 된다. 상대방이 그 정성과 배려를 너무 몰라 주면 섭섭하지만, 혹시나 자신의 실수로 상대가 떠난다고 할까 봐 전전긍긍한다.

그녀가 무슨 짓을 해도 괜찮다고 말하는 그도 사랑에 있어 약자다. 하지만 더 사랑한다고 해서 상대방이 그것을 믿고 그를 함부로 휘두르려고 한다면, 그는 그것을 막아야 한다. 그 누구에게도 누군가를 존중하지는 못할망정 함부로 대하며 모욕을 주고, 상처를 줄 권리는 없기 때문이다. 그런데 그의 행동은 그녀에게 자신을 아무렇게나 대해도 괜찮다고 허락한 것이나 다름없다. 그것을 사랑이라고 착각하면서 말이다. 너무 아픈 사랑은 사랑이 아니라는 말이 있다. 내가 사랑하는 사람이 나를 사랑하지 않는 것은 너무나 슬픈 일이지만 억지로 그 사랑을 붙들고 있어 봐야 망가지는 것은 내 삶일 뿐이다. 내 앞에서도 계속 괜찮다고 말하던 그는 끝내 울음을 터트렸다. 이 상황을 견디기 힘들고 모든 걸 내주는 자신이 비참하다고도 했다. 몇 개월 뒤 그는 나에게 안부 편지를 보내 왔다. 그녀와 헤어졌고 생각보다 잘 견디고 있다고, 입버릇처럼 괜찮다는 말을 해 왔는데 싫으면 싫다고 말하니까 그게 더 기분이 좋다고.

"우리 헤어지자."

일방적인 이별 통보를 받고도 아무렇지 않은 사람이 어디 있을까. 실연은 가장 사랑하는 사람의 죽음이고, 사랑받던 자신의 죽음이며, 둘이 창조한 세계의 죽음이다. 그래서 실연은 때로 죽음보다 더한 고통으로 다가온다. 자신만이 그의 유일한 사랑이라고 여기던 행복감이 사라지고 대신 그 자리에는 고갈되고 무가치하고 무의미한 자신만이 남게 된다. 그러나 실연에 있어 가장 근본적이고 보편적인 고통은 아무에게도 보여 주지 않던 자신의 깊은 내면을 상대방에게 보여 주었는데 그가 떠났다는 사실이다. 특히나 자존감이 낮은 사람들은 자신의 내면이 너무 초라하고 추하기 때문에 상대방에게 버림받았다고 생각한다.

이별이 고통스러워 받아들일 수 없는 사람들은 스스로 매우 수치스러워할 행동을 하기도 한다. 상대방에게 수시로 전화를 걸어 목소리를 듣고는 아무 말 없이 끊기도 하고, 상대방의 페이스북이나 인스타그램에 몰래 들어가 누구를 만나고 무엇을 하는지 확인하려 들고, 울며불며 매달리기도 한다. 때로는 주체할 수 없는 분노를 견디다 못해 "내가 뭘 잘못했는데?"라고 따지기도 한다. 그러다 서서히 상대가 돌아오지 않는다는 사실을 인정하고 받아들인다. 이것은 애도의 과정이다. 분노하고, 슬퍼하다 결국은 사랑하는 사람과의 기억을 가슴에 묻고 떠나보내는 것이다. 애도는 이별을 받아들이고 극복하는 과정에서 누구나 거치는 통과 의례로 그것을 잘 끝내야지만 우리는 비로소 그 사람 없이 혼자서도 잘살 수 있다는 자신감을 얻고 다시 살아갈 힘을 내게 된다. 비록 사랑은 과거의 일이 되었지만 그 사랑이 현재의 나를 있게 했음을, 그리고 그 사랑을 통해 내가 더욱 성장했음을 느끼게 되는 것이다.

그래서 정신분석 전문의의 입장에서 보자면 실연을 받아들이고 극복하는 가운데 미련한 모습을 보이거나 수치스러운 행동을 하는 것이 오히려 건강하다고 생각한다. 사랑한 만큼 아파하는 것이 당연하기 때문이다. 문제는 이별 앞에서 '쿨'한 척하는 사람들이다. 그들은 무엇보다 상대의 이별 통보 앞에서 '쿨'하지 못한 자신을 부끄러워한다. 그래서 이별한 바로 다음 날에도 아무 일도 없었던 것처럼 평소대로 생활하거나 일부러 밝은 척 지내고, 보란 듯이 새로운 사람을 만나기도 한다.

그런데 그렇게 이별을 서둘러 덮어 버림으로써 애도를 하지 못한 사람들은 오히려 과거에 묶여 있게 된다. 애도는 떠난 그 사람과 나를 묶어 놓고 있던 끈을 푸는 작업이고, 헤어질 수밖에 없음을 인정하고 상대를 떠나보내는 일인데 떠나보내지 못함으로써 과거에 머무는 것이다. 그래서 새로운 사랑을 아예 받아들이지 못하거나, 오기로 새로운 사람을 만나더라도 헤어진 사람과의 기억 때문에 상대를 있는 그대로 보지 못한다. 자꾸 헤어진 사람과 비교하며 더 나은 사람을 선택했다는 말을 들음으로써 상처 입은 자존심을 만회하려는 경우도 있다. 그래서 새로운 사람은 자신도 모르는 사이 예전 사랑의 희생양이 되어 버린다. 애써 괜찮은 척하며 이별을 서둘러 덮어 버리는 것이 오히려 다음 사랑을 그르치는 장애물이 되어 버리는 것이다.

그러므로 이별 앞에서 괜히 '쿨'한 척하려 애쓰지 마라. 일방적인 이별 앞에서 슬퍼하고 아파하는 것은 당연한데 그걸 안 하고 넘어가면 상처가 아물지 않아 다음 사랑도 제대로 할 수 없다. 그리고 이별은 한 사람과의 관계가 끝난 것이지 인생 전체가 끝났다는 뜻이 아니다. 여전히 당신은 사랑받을 가치가 있는 소중한 사람이다. 그가 당신을 떠났다고 해서 당신의 존재 가치가 흔들리는 것은 결코 아니다. 그 누구도 당신의 존재 가치를 함부로 평가할 수 없기 때문이다. 아무리 사랑스럽고, 예쁘고, 잘난 사람도 실연을 당할 수 있다. 반면 남들이 보기엔 뒤처진다고 평가되는 사람이 평생 실연 한 번 당하지 않고 행복하게 살기도 한다.

그러므로 이별이 찾아왔을 때 그에 잘 대처하는 길은 이별의 고통을 애써 누르며 아무렇지 않은 듯 사는 게 결코 아니다.

슬프고 아프고 때론 화나고 유치해지는 마음들을 두려워하거나 외면하지 말고 그것들이 잘 지나가기를 기다려야 한다. 이별에도 시간이 필요하다. 그 시간을 두려워하지 않고 잘 견뎌 내는 것은 떠난 그 사람을 위해서가 아니라 바로 나 자신을 위해서 필요하다. 소중한 나와 그런 나를 찾아올 다음 사랑을 위해서 말이다.

사랑을 하든 이별을 하든, 또 다른 사랑을 하든 우리가 잊지 말아야 할 것은 그 주체가 바로 '나'라는 사실이다. 사랑은 근본적으로 내가 즐겁고 행복하자고 하는 것이다. 이별도 마찬가지다. 이별은 아프지만 그 아픔을 잘 이겨 내는 것도 결국 내 소중한 인생을 위해서다. 또 그것이야말로 우리가 지난 사랑에 대해 갖추어야 하는 최소한의 예의이기도 하다.

Chapter 5.

친구와 나 사이에 필요한 거리
: 46cm~1.2m

늘 바쁘다고 말하는 사람들이 끝내 후회하는 것

언젠가 친구가《어린 왕자》에 나오는 이야기라며 다음과 같은 구절을 보내 주었다.

어린 왕자가 사막여우에게 묻는다.

"세상에서 가장 어려운 일이 뭔지 아니?"

"흠, 글쎄요. 돈 버는 일? 밥 먹는 일?"

고개를 갸웃거리는 사막여우에게 어린 왕자가 말한다.

"세상에서 가장 어려운 일은 사람이 사람의 마음을 얻는 거야."

어릴 적《어린 왕자》를 몇 번이고 읽었지만 이 구절은 본 기억이 없어 다시 책을 꺼내 보았다. 그런데 도저히 같은 부분을 찾을 수가 없어서 알아 보니,《어린 왕자》에는 없는 이야기이

긴 하지만 워낙 공감하는 사람이 많아 《어린 왕자》의 일부인 듯 계속 퍼져 나가고 있단다. 하긴 처음에 나도 그 문장을 읽고 참 많이 공감했더랬다. 사람의 마음을 얻는 것만큼 어려운 게 또 어디 있으랴.

그럼에도 사람들은 누군가의 마음을 얻으려고 한두 번 노력해 보다가 여의치 않으면 곧바로 포기해 버린다. 그러면서 차라리 잘됐다고 말한다. 그의 마음을 얻었다 한들 또 언제 변할지 모르는 게 사람 마음인데 괜히 헛고생할 필요가 없다면서 말이다.

언젠가부터 우리는 인간관계에서도 효율성을 따지기 시작했다. 현대인들은 "빨리빨리"를 외치면서 빠르게 변하는 세상을 쫓아가느라 정신이 없다. 저녁이 없는 삶을 산다면서 불평은 하지만 이내 또 자기계발을 위한 활동을 하느라 여념이 없다. 마치 누가 더 열심히 사나 내기를 하는 것처럼 말이다. 돈을 더 벌기 위해서든, 빚을 갚기 위해서든, 더 잘 먹고 잘살기 위해서든 하루종일 쉬지 않고 일하는 사람들은 너나없이 바쁘다고, 시간이 없다고 얘기한다. 그런 마당에 비효율적인 일에 누가 관심을 갖겠는가.

그래서 늘 뒤로 밀리는 게 바로 인간관계다. 인간관계야말로 참으로 비효율적이기 때문이다. 사람의 마음을 얻는 데는 무수히 많은 시간이 필요하다. 사람과 사람이 만나 서로 마음을 열기까지도 시간이 걸리고, 서로를 알아 가는 데는 더 많은 시간이 걸린다. 그러면 쌓이는 시간만큼 관계도 돈독해지면 좋으련만, 관계는 잘 맺어진 듯하다가도 한순간에 무너져 내려 아무것도 아닌 사이가 되어 버릴 때가 있다. 사랑하는 연인을 만나고, 친구를 만나는 일은 그처럼 내가 노력한다고 해서 다 잘되란 법이 없다. 이 얼마나 비효율적인가.

그러다 보니 사람들은 자기 생활에 바쁘면 인간관계 먼저 뒤로 미루거나 포기한다. 인간관계는 삶에서 매우 중요하지만 가장 급한 일은 아니라고 생각하기 때문이다. 그래서 오랜만에 연락해 온 친구에게도 급한 일 먼저 처리하고 나서 만나자고 말한다. 하지만 그런 날은 결코 오지 않는다. 해야 할 일들의 목록은 날마다 더 길어질 뿐이다.

그러나 이런 식으로 미루면 미룰수록 인간관계에는 후회만 남는다. 관계를 쌓는 데는 절대적으로 긴 시간이 필요한데 그것을 계속 미루게 되면 결국 옆에는 아무도 남아 있지 않게 되기 때문이다. 같이 산다고 다 끈끈한 가족은 아니다. 인생의 한때 같은 공간에 있었다고 해서 모두가 친구는 아니다. 내 옆에서 나를 진심으로 걱정해 줄 사람을 만나고 그 관계를 계속 유지해 나가려면 그와 함께할 시간을 먼저 만들어야 한다.

《어린 왕자》에서 여우는 어린 왕자에게 이렇게 말한다.

"네 장미꽃이 그토록 소중하게 된 것은 네가 네 장미꽃을 위해서 들인 시간 때문이야."

어린 왕자는 기르는 장미꽃에 물을 주고, 바람막이 역할도 해 주고, 벌레도 잡아 준다. 그리고 장미꽃이 불평을 늘어놓을 때에도, 자랑할 때에도 아무 말 없이 늘 귀를 기울인다. 그렇게 오랜 시간 함께하며 쌓은 추억이 있기에 어린 왕자와 장미꽃은 서로에게 소중한 존재가 될 수 있었다.

모두가 시간의 포로가 되어 버린 현대사회에서 소중한 사람에게 그 마음을 전달하는 가장 좋은 방법은 바로 그에게 나의 시간을 아낌없이 내주는 것이다. 시간에 구애받지 않고 함께 있음을 온 마음으로 즐길 때 비로소 관계는 발전하기 때문이다. 어느 날 이 사람에게는 문자를 남기고, 저 사람에게는 전화 한 통 거는 식으로 사람을 관리해서는 결코 소중한 관계를 만들 수 없다. 그래서 사람의 마음을 얻는 게 세상에서 가장 어려운 일인지도 모른다. 하지만 그 마음을 얻었을 때의 기쁨은 이루 말할 수 없다. 소중한 사람과 함께 있으면 세상 모든 근심과 걱정을 내려놓고 같이 있는 시간을 즐기게 된다. "언제 이렇게 시간이 흘렀지?"라고 느껴지는 만남이 많아질수록 더 행복해진다.

안 그래도 없는 시간을 내기란 여간 쉽지 않을 것이다. 또 각자 시간을 만드는 방법은 다를 것이다. 다만 거창한 계획을 세우느라 피곤해하지는 않았으면 좋겠다. 중요한 것은 여기에 함께 있다는 것이니까 말이다. 그리고 누군가 당신에게 전화했을 때 "바쁘다"고 말하는 것부터 멈추어라. 바쁘다고 말하는 사람에게 누가 자신의 진심 어린 이야기를 하고 싶겠는가.

최고의 조언은 잘 들어 주는 것이다

남의 구질구질한 사연 같은 거 들으면 우울하고 불편해진다. 말한다고 가난이나 나쁜 사정이 사라지는 것도 아니다. 그런 말을 하면 사람들은 위로하는 척하면서 결국 멀어져 간다. 그래서 모두들 나야 잘 지내지, 로 바뀌었는지도 모른다. 어딘가에는 분명히 나 죽고 싶어, 진짜 힘들다, 차비도 없어, 라는 말이 있겠지만 그런 말은 목구멍 밑으로 꿀꺽 삼키면서 사는 것이다.

서유미의 소설《판타스틱 개미지옥》의 일부이다. 이인 작가의 책《혼자일 땐 외로운 함께일 땐 불안한》에서 이 구절을 처음 보았을 때 얼마가 가슴이 서늘하던지. 외롭지만 외롭지 않은 척, 힘들지만 힘들지 않은 척하는 사람들. 그들은 남들에게

"나야, 잘 지내지"라고 말하지만 한편으론 누군가가 자신이 힘들고 외롭다는 사실을 알아주기를 바란다. 하지만 우리는 언젠가부터 서로에게 인사말처럼 "나야 잘 지내지"라고 말하고는 더 이상 묻지 않는다. 자기 얘기를 한다고 해서 사람들이 들어 줄 것 같지도 않고 자신 또한 숨 가쁘게 살고 있기에 누군가의 사정을 들어 줄 여유가 없기 때문이다. 또 상대방의 힘겨움을 알아봐야 해 줄 수 있는 게 없고, 자신의 힘겨움을 말해 봐야 괜히 상대방의 마음만 불편하게 만들까 두렵다. 그럼에도 용기를 내어 진짜 하고 싶었던 말을 했다고 쳐 보자. 상대가 무심히 들어 넘기거나 부정적인 반응을 보이면 "세상이 그렇지 뭐"하며 다시금 꽁꽁 마음을 닫아 버리게 된다. 그래서 소심하고 말주변이 없어서 사람을 만나는 게 스트레스라고 말하는 사람들에게 나는 얘기한다.

"사람들은 누구나 자기 이야기를 하고 싶어 해요. 당신이 말주변이 없다고 생각하면 상대방의 이야기를 그냥 잘 들어 주면 돼요. 잘 들어 주는 사람이 생각보다 별로 없거든요. 그래서 잘 들어 주기만 해도 상대방은 당신에게 고마워할 거예요."

그들은 그게 무슨 해결책이냐는 듯 의심스럽게 나를 바라보지만 정작 나중에는 잘 들어 주는 게 참 쉽지 않더라는 얘기를 하곤 했다. 답답한 마음에 자기도 모르는 사이 상대방의 말을 중간에 끊거나, 괜한 조급함에 "그래서 정말 하고 싶은 얘기가 뭔데요?"라고 짜증을 내게 되더란다. 상대방의 말이 길어지면 "아 네" 하며 적당히 듣는 척하며 속으로는 다른 생각을 하다가 낭패를 보기도 했단다.

정신분석에서 경청이 중요한 이유

어느 날 한 환자가 찾아와서는 대뜸 자신을 잘 도와줄 수 있느냐고 물었다. 지난 5년 동안 다른 곳에서 치료를 받는데 치료자들이 자신을 잘 도와줬다며 나도 그럴 수 있느냐는 것이었다. 나는 만약 즉각적인 만족을 바란다면 그건 힘들겠다고 대답했다. 정신분석은 환자에게 직접적인 도움을 주기보다 환자가 왜 그런 생각을 했고, 왜 자꾸만 그 생각에서 벗어나지 못하는지, 왜 슬프고 화가 나는지를 충분히 듣고 그 마음을 해석해 주는 작업으로, 결국 상처에서 벗어나는 것은 환자 스스로에게 달려 있기 때문이다. 그런데도 그는 집요하게 내가 자신을 잘 도와줄 수 있는지를 따져 물었다. 왜 자꾸만 그 질문에 집착하나 의아했다. '아, 이 사람이 나를 테스트하고 있구나'라는 결론에 다다른 나는 조심스럽게 말했다.

"어쩌면 당신은 어렸을 때 주위에 도움을 구했지만 막상 도와주는 사람은 아무도 없었던 게 아닌가 싶네요. 그래서 지금

238

껏 도움을 줄 사람을 찾아 헤매고 있는 건 아닐까요?"

그러자 그가 갑자기 눈물을 흘리기 시작했다. 어렸을 적 자신의 옆에는 아무도 없었고, 그래서 너무 외로웠다는 것이다. 그제야 자신의 문제가 어디서 비롯되었는지를 알게 된 그는 그 뒤로도 한참을 울었다. 어린 시절 너무나 아파서 차마 울 수도 없었던 자기 자신을 돌아보며 비로소 상처와 직면하게 된 것이다.

환자들은 종종 의사인 내가 모든 문제를 즉각적으로 해결해 주기를 바란다. 고통을 없앨 방법을 즉시 알려 달라는 것이다. 그러나 정신과 의사로서 나는 환자가 왜 그렇게 고통스러운지, 그 뒤에는 어떤 상처가 숨어 있는지를 같이 찾아 줄 수 있을 따름이다. 이때 필요한 것이 바로 경청이다. 내가 환자의 이야기를 잘 들어 주면 환자는 자기 이야기를 풀어놓으면서 그동안 몰랐던 자기 마음을 하나둘 이해하게 된다. 두려워서 꽁꽁 가슴 한구석에 감춰 둔 상처를 직면하고 그것을 어루만지며 비로소 어두운 과거에서 벗어나게 되는 것이다.

만약 내가 즉각적인 해결 방법을 제시했다면 환자들은 상처에서 더 빨리 벗어날 수 있었을까? 나는 결코 그렇게 생각하지 않는다. 사람들은 아무리 뛰어난 사람이라고 해도 자신을 잘 알지도 못하는 누군가가 충고하는 것을 본능적으로 싫어한다. 잘 아는 사람이라도 자신의 얘기를 다 들어 보지도 않고 섣불리 조언을 하면 그대로 튕겨 버린다. "너는 문제 해결 능력이 없어. 그러니 내 말 들어"라며 자신을 제멋대로 휘두르려는 것으로 느껴져 기분이 나쁘기 때문이다. 그러므로 상대방을 제대로 이해하지도 않은 상태에서 섣부른 조언을 하는 것은 아예 하지 않은 것만 못한 결과를 초래한다. 환자들의 경우도 마찬가지다. 의사인 내가 해결책을 곧바로 제시해 버리면 환자는 자기 힘으로 충분히 문제를 해결할 수 있음에도 그것을 깨닫지 못할뿐더러 자신은 남의 도움 없이는 아무것도 못하는 존재라며 자기 자신을 깎아내리게 될 것이다. 그것이 상처 치유에 아무런 도움이 안 되는 것은 물론이다.

상대방이 가장 원하는 것은 그저 당신이 잘 들어 주는 것이다

그러므로 누군가 당신을 필요로 한다면 그가 원하는 것은 빛나는 조언이나 충고가 아니다. 다만 그는 곁에서 자기 이야기에 진심으로 귀 기울여 줄 사람을 필요로 하는 것이다. 사람들은 대개 자신이 앞으로 무엇을 어떻게 해야 할지 이미 알고 있다. 그러므로 당신이 할 일은 그저 곁에서 묵묵히 잘 들어 주는 것뿐이다. 아무리 상대방이 틀렸고 당신이 옳다고 생각되더라도 일단은 그의 입장에 서서 끝까지 들어 주어라. 어떠한

240

경우라도 상대방이 말하는 도중에 끼어들어 비판하려 들지 마라. 상대방이 자기 문제를 스스로 잘 헤쳐나갈 것이라 믿고 기다려 줘야 한다. 그것이 진심으로 상대방을 위하는 길이다. 그래서 어쩌면 최고의 조언은 잘 들어 주는 것 그 자체에 있는지도 모르겠다.

당장 달려와 줄 수 있는
친구 한 명만 있으면 성공한 인생이다

　영화 〈언터처블 : 1%의 우정〉에서 주인공 필립은 상위 1퍼센트의 백만장자지만 전신 마비로 목 아래로는 움직일 수도, 느낄 수도 없어 휠체어에 의지해 살아간다. 그는 하루 종일 자신을 돌봐 줄 도우미를 찾고 있는데 그의 앞에 젊은 흑인 청년 드리스가 나타난다. 감옥에서 이제 막 출소해 돈 한 푼 없는 드리스가 가진 것이라고는 멀쩡한 사지뿐이었다. 하위 1퍼센트에 속하는 드리스는 정부에서 주는 생활 보조금을 받으려면 채용이 거부되어야 했기에 필립에게 지원서에 도장만 찍어 달라고 부탁한다. 그러나 필립은 드리스에게 호기심을 느껴 2주 동안 자신을 제대로 보살필 수 있는지 내기를 하자고 한다. 으리으리한 저택의 욕실에 반한 드리스는 내기를 받아들이고 두 남자의 기막힌 동거가 시작된다.

영화는 공통점이라고는 단 한 가지도 없는 고용인 필립과 피고용인 드리스가 친구가 되어 가는 과정을 유쾌하게 그려 낸다. 사람들은 필립의 부를 부러워하는 동시에 필립의 장애를 동정한다. 하지만 드리스에게 필립은 자신과 비슷한 욕구를 지닌 한 인간일 뿐이다. 그래서 필립은 "드리스와 있으면 내가 장애인이라는 사실을 잊어버리게 돼"라고 말하며 전과 기록을 들먹이며 드리스를 조심하라고 말하는 친척에게 이렇게 경고한다. "그 친구의 출신과 배경 따위는 중요하지 않아." 드리스 또한 자신을 범죄자로 보지 않고 있는 그대로 봐 주는 필립에게 마음을 열게 된다. 둘은 낄낄거리며 파리의 밤거리를 쏘다니고 담배를 피우고 때론 깊은 속내를 서로 꺼내 보이며 친구가 된다. 장애도, 가난도, 취향도, 인종의 벽도 없는 그저 마음이 통하는 친구 말이다. "당신을 만나서 행복했네." 나중에 필립이 드리스에게 한 말이다. 최고의 찬사가 아닐 수 없다. 누군가가 나의 존재로 인해 행복해졌다는 것만큼 빛나는 일이 또 어디 있겠는가.

"당신에게는 몇 명의 친구가 있습니까?"

우리는 종종 이런 질문을 받는다. 그럴 때 머뭇거리지 않고 자신 있게 대답을 할 수 있는 사람이 얼마나 될까. 예전에는 분명 친했지만 어느새 연락이 끊긴 친구들, 매일같이 붙어 다녔는데 오해와 다툼으로 멀어진 친구들, 나는 가깝다고 생각하지만 상대방도 나를 그렇게 생각할지 확신이 안 서는 친구들이 떠오른다. 평생 함께하자고 약속했던 친구와 한 달에 한 번 안부를 전하는 것도 힘들어지면 '우리가 정말 친한 게 맞나?'라는 생각이 들기도 한다.

그런데 그런 모든 과정을 거쳐 완성되는 것이 바로 우정이다. 우정은 어떤 의미에서 보자면 아무 의무 없이 가장 자발적으로 상대방을 위하는 마음이다. 대부분의 만남은 목적을 가지고 이루어지지만 친구는 단지 좋아서 만난다. 우리는 친구가 진심으로 잘되기를 바라며, 친구라는 거울을 통해 자신을 비추어 보면서 같이 성장해 나간다. 그래서 좋은 친구는 지금은 보잘것없어도 남들이 알지 못하는 내 안의 가능성을 알아봐 주고 격려해 주는 사람이다. 내 곁에 있으면서 내가 더 나은 사람이 되도록 이끄는 사람인 것이다. 그래서 나는 영화〈언터처블〉에서 필립이 말했듯 우정이야말로 인간을 가장 행복하게 만든다고 생각한다.

그러나 우정은 영원하지 않다. 보통 어릴 적 동네 친구나 학교 친구들은 시간이 흐르면 자연스럽게 멀어진다. 다른 곳으로 이사를 가고 학교를 졸업해 각자 다른 직장에 들어가고, 결혼하고 아이까지 낳으면 만나는 것도 힘들어진다. 직장에서의 업무가 늘어나고 아이들과 부모님 때문에 신경 쓸 일이 늘어나면서 친구와 정서적인 유대를 끈끈하게 유지하는 것 자체가 힘들기 때문이다. 그래서 과거 인생의 한 시기를 같이 보내며 서로의 성장을 도왔다는 사실만 남을 뿐 현재 서로의 모습에 대해 아는 게 생각보다 없을 수도 있다. 그렇다고 해도 인생의 한 부분을 치열하게 공유했던 친구가 있었다면 그것은 행운이다. 그 시절을 같이 추억할 친구가 있다는 것은 큰 축복이라는 말이다.

사실 사회생활을 하면서부터 아이들이 클 때까지 서로 바빠서 관계가 소원해지는 것보다 친구 사이를 더 위협하는 것은 시기심이다. 시기심이란 다른 사람이 자신보다 뛰어난 능력을 보이거나 성공을 거두었을 때 억울하고 화가 나는 마음을 뜻한다. 상대방이 나보다 나아 보이는 것을 견디지 못하는 것이다. 그래서 시기심이 커지면 자신을 초라하게 만든 상대를 증오하고 그를 어떻게든 끌어내리려고 든다. 친구에게 기쁜 일이 생겼을 때 축하해 주기는커녕 그를 비참하게 만들어야 직성이 풀리는 것도 이 때문이다. 그러다 보니 어느 순간 가장 친한 친구가 나의 가장 큰 적이 될 수도 있다. 친한 친구에게만 털어놓았던 모든 것들이 나를 아프게 찌르는 무기가 되어 돌아오는 것이다.

그런데 정도의 차이일 뿐이지, 누구나 시기심을 느낀다. 언젠가 한 환자가 말했다. "선생님, 친구가 아파서 병원에 입원

했다는 소식을 들었는데 쌤통이라는 생각이 들었어요. 그동안 그렇게 잘난 척하더니 잘됐다 싶었거든요. 물론 그 앞에서는 걱정하는 척했지만요. 그런 제가 너무 무서워요." 영화 〈세 얼간이〉에서도 오죽하면 "친구가 꼴찌를 하면 눈물을 흘리고 친구가 일등을 하면 피눈물을 흘린다"라는 말이 나왔겠는가. 겉으로는 다정한 척하지만 속으로는 친구의 불행을 즐기는 사람들이 의외로 많다. 그러니 시기심이 약간 생겼다고 해서 자신을 너무 자책할 필요는 없다. 다만 친구의 소중함을 아는 사람들은 시기심이 친구뿐만 아니라 자신까지 망친다는 것을 알기에 시기심이 폭발하지 않도록 노력한다. 그리고 보면 친구에게 기쁜 일이 생겼을 때 진심으로 축하해 준다는 것은 아무나 할 수 있는 일은 아니다.

언젠가 참을 수 없는 고통이 찾아와 하루 종일 누워 있을 때였다. 아파서 정신을 차릴 수가 없는데 누군가가 말없이 내 손을 잡아 주었다. 나는 그 손을 꼭 잡고 제발 고통이 멈추기를 기도했다. 나중에 정신을 차리고 보니 그는 고등학교 친구였다. 너무 아파 이대로 삶을 포기해 버리고 싶은 날엔 유난히 친구가 더 그리웠다. 그런데 내 마음을 알기라도 한 듯이 친구들은 바쁜 와중에도 기꺼이 나에게 달려와 주었다. 친구들은 말했다. "혜남아, 네가 어떻게든 우리 곁에 계속 이렇게 있어 주면 돼." 그들이 있었기에 고통의 세월을 그나마 잘 견딜 수 있었다. 그 친구들에게 미안한 건 내가 그 고마움을 아프고 나서야 뒤늦게 깨달았다는 점이다.

그러고 보면 친구 숫자는 결코 중요한 게 아니다. 정말로 중요한 것은 그 친구들 중에 내가 힘들 때 기꺼이 달려와 줄 수 있는 친구, 그래서 내 곁에 머물러 줄 친구가 있느냐는 것이다. 내가 세상에서 가장 잘한 일은 아이를 낳고 기른 일이다. 그 다음으로 잘한 일은 그 친구들을 '내 친구'라고 자랑스럽게 말할 수 있는 것이다. 인생의 성공이 별건가. 나는 두 가지나 잘했으니 이미 성공한 인생이다. 그리고 친구들과 나는 세월이 흘러 변해 가는 서로의 모습에 감탄하고 존경을 보내며, 같이 재미있게 늙어 가는 법을 배우고 있다. 참으로 감사한 일이다.

좋은 친구를 만나고 싶다면
먼저 좋은 친구가 되어라

떠나기 며칠 전에 그는 자기 집으로 나를 불렀고, 사진을 한 장 주었다. 뒷면에 '석별'이라는 두 자가 씌어 있었다. 내 사진도 보내 달라고 하였다. 하지만 그때 적당한 사진이 없었다. 사진도 보내고 종종 편지로 차후의 일을 알려 달라고 했다.

센다이를 떠난 뒤에는 나는 여러 해 동안 사진을 찍지 않았고, 내 상황도 좋지 않아서, 실망스러운 소식을 전하게 될까 봐 편지도 차마 쓰지 못했다. 1년이 넘어가자 편지를 쓰기가 더욱 어려워졌고, 간혹 편지를 쓰고 싶다가도 붓을 들기가 쉽지 않아 이렇게 지금까지 편지 한 장, 사진 한 장 보내지 못했다. 그때 보고 헤어진 뒤 감감무소식이었던 셈이다.

중국의 사상가 루쉰이 쓴 《아침 꽃 저녁에 줍다》에 나오는 구절이다. 루쉰은 일본으로 의학 공부를 하러 가기 전에 은사를 만났는데 그 뒤로 은사와의 관계가 끊어지고 말았다. 앞서 언급한 이인 작가의 책에서 이 글을 읽었을 때 이런저런 이유로 연락을 못 해 안타깝게 관계가 멀어진 친구들이 떠올랐다. 그러고 보면 어릴 적 아침저녁이고 붙어 다녔던 친구들과 평생 함께할 거라고 생각했는데 나이 60이 되어 깨달은 건 무엇이든 영원하지 않으며 우정 또한 마찬가지라는 사실이다.

우정을 지켜나가기 위해서는 많은 노력이 필요하다. 그 노력이 가치 있는 이유는 우정이야말로 인간을 가장 행복하게 만드는 감정이기 때문이다. 스웨덴의 중년 남성들을 대상으로 한 연구 결과 심장 발작에 영향을 미치는 것으로 밝혀진 요인은 딱 두 가지, 흡연과 우정이었다. 결혼 여부는 별다른 영향을 미치지 못했다. 그만큼 우정은 때로 가족보다 인생에서 더 중요하다. 다음은 친구와의 우정을 더욱 돈독하게 다지기 위해 지켜야 할 것들이다.

1. 절대 친구를 바꾸려고 하지 마라

아무리 좋은 얘기도 반복해서 들으면 지겨운 법이다. 모두 친구를 위해 하는 말이겠지만 수차례 지적하며 단점을 고치라고 강요하면 관계만 나빠질 뿐이다. 만약 나쁜 남자에게 끌려다니는 친구가 있다고 해 보자. 아무리 말려도 친구는 자기 마음이 끝날 때까지 계속 나쁜 남자에게 끌려다닐 것이다. 친구로서 더 중요한 역할은 그가 남자에게 상처받고 돌아왔을 때 진심으로 위로해 주는 것이다. 우정을 시험한다며 친구에게 자신을 위해 목숨을 내줄 수 있느냐는 어리석은 질문은 하지 마라. 자신이 할 수 없는 것을 친구에게 요구하지 말라는 말이다. 그리고 친구를 진심으로 위하는 마음이 있다면 그의 단점과 잘못을 어느 정도는 눈감아 줄 수 있어야 한다. 나의 단점을 친구가 받아주는 것처럼 말이다.

2. 친구 숫자에 연연하지 마라

친분이 두터운 한 교수가 언젠가 나한테 그렇게 말했다. 자신도 사람 사귀는 데 시간이 오래 걸리는 사람이지만 나는 그보다 더하단다. 그래서일까. 나는 친구가 별로 많지 않다. 반면 외향적인 남편은 사람 만나기를 좋아하고 즐긴다. 그래서 친구가 정말 많다. 그런데 만약 나보고 남편처럼 사람을 많이 만나고 달력을 각종 약속으로 채우라고 하면 나는 스트레스만 받을 뿐 절대 그렇게는 못 할 것이다. 내향적인 나는 소수의 사람을 깊이 사귀는 타입이기 때문이다. 나는 내가 소중히 여기는 사람들을 만나 편안하고 즐거운 자리를 갖는 걸 즐긴다. 그렇지만 나는 내향적인 성격을 고쳐야겠다는 생각은 하지 않는다.

많은 사람들이 친구가 많은 이를 부러워한다. 그래서 내향적인 성격을 외향적으로 바꾸고 싶다고 말하기도 한다. 하지만 자기 성격과 맞지 않은 방식으로는 인간관계를 맺고 유지해 나가기 힘들다. 친구 많은 사람이 부럽다고 억지로 사람들을 더 만나 봐야 스트레스만 가중될 뿐이다. 그러니 친구 숫자에 연연하지 마라. 친한 친구가 50명이 넘는다고 자랑하는 사람이 있다고 해 보자. 그 말을 듣는 상대방은 어떨까? 누구나 타인에게 특별하고 중요한 사람이 되고 싶어 한다. 그러므로 50명 중의 한 명일 뿐이라는 사실은 실망스러울 수밖에 없다. 또 50명의 친구가 다 똑같이 중요하다면 이는 '베스트프렌드' 가 없는 것과 마찬가지다. 정작 정말 어렵고 힘들 때 달려와 줄 친구는 없다는 뜻이다.

3. 친구의 비밀을 그 누구에게도 말하지 마라

누구에게나 너무 아프거나 부끄러워서 감춰 왔던 비밀이 있는 법이다. 우리는 보통 그런 비밀을 매우 친한 친구에게만 털어놓는다. 비밀을 알아도 친구는 나를 멀리하거나 싫어하지 않고 있는 그대로 봐 줄 거라고 믿기 때문이다. 그리고 비밀을 털어놓았을 때 친구가 나를 위로해 주면 마음이 따뜻해지는 경험을 하게 된다. 그런데 그 친구가 내 허락도 없이 내 비밀을 다른 사람에게 말해 버리면 어떻게 될까? 사람들은 누가 경솔하게 그런 짓을 하겠냐고 반문하지만 생각보다 친구의 비밀을 끝까지 지켜주는 사람은 별로 없다. 악의가 있어서 그런 짓을 하는 건 아니다. A, B, C가 친한데 A가 B에게만 털어놓은 비밀이 있다고 해 보자. 그런데 정작 B는 셋이 친하니까 C가 알아도 되겠지 생각하고 무심코 그 비밀을 C에게도 말해 버린다. 친구의 비밀을 아무 생각 없이 자신의 남자 친구나 가족에게 말하는 사람들도 있다.

어떤 관계든 마찬가지지만 친구 관계 역시 유지하기는 어려워도 깨지는 건 한순간이다. 그러니 친구의 비밀은 절대 다른 사람들에게 말하지 말고 지켜주어라. 아무리 세상에 비밀은 없다지만 입이 가벼운 사람은 특히 친구를 만들지 못하는 법이다.

4. 경조사는 꼭 챙겨라

어릴 적 장례식장에 가면 상복을 입은 사람들은 침통하게 눈물을 흘리는데 정작 조문객들은 화투를 치고, 술판을 벌이며 시끄럽게 떠드는 게 이해되지 않았다. 누군가가 죽음을 맞이했고 그것을 기리는 자리라면 조용하고 엄숙해야 할 것 같은데, 왜 사람들은 시끄럽게 떠드는 걸까? 그런데 어른이 되어 부친상을 치르면서 알았다. 장례식은 죽은 자를 잘 보내는 의식이기도 하지만 동시에 남겨진 자들이 해묵은 감정들을 풀어

내는 자리이며 그들이 앞으로도 잘 살아갈 힘을 얻는 자리라는 것을. 조문객들은 죽은 사람과 남겨진 자들에 대한 이야기를 시끌벅적 나누며 상을 당한 사람들의 슬픔을 나눠 가지는 중이라는 것을. 그리고 누군가의 죽음을 기억해 주는 사람이 많을수록 그 자리는 결국 축제가 된다는 것을. 그제야 나는 왜 그렇게 장례식장이 떠들썩하고 시끄러울 수밖에 없는지 이해할 수 있었다. 부친상을 당했을 때 친구들은 소식을 전하자마자 장례식장으로 달려와 주었다. 나는 그들 앞에서 울며 아버지를 추억했고, 그들은 그런 나를 말없이 감싸 안으며 슬퍼해 주었다. 친구들이 내 슬픔을 나눠 가져 준 덕분에 나는 그때 외롭지 않았다. 그래서 나는 주위 사람들에게 늘 말한다. 결혼식이나 돌잔치 등 경사도 되도록 챙겨야 하지만 조사는 반드시 챙기라고. 너무 힘들고 슬플 때 친구가 곁에 있어 주는 것만으로도 얼마나 큰 힘이 되는지 나는 그때 깨달았기 때문이다. 피치 못할 사정으로 장례식장에 못 가게 되면 꼭 전화나 문자를 통해서라도 옆에 있다는 걸 알게 해 줘야 한다.

5. 좋은 친구를 만나고 싶다면 먼저 좋은 친구가 되어라

대학교에서 강의를 할 때 학생들이 간혹 그런 질문을 던지곤 했다. "좋은 친구를 만나고 싶으면 어떻게 해야 하나요?" 그에 대한 나의 대답은 아리스토텔레스와 같다. "좋은 친구를 얻으려면 먼저 나 자신이 좋은 사람이 되어야 한다." 어떤 사람이 나의 벗이 될 만한가 재기 전에 먼저 나 자신이 좋은 친구라고 불릴 만한지, 부족한 점은 없는지 살피라는 말이다. 내 부족한 면을 채우겠다는 욕심으로 친구를 구하면 절대 진정한 친구를 얻지 못한다. 좋은 사람 옆에는 좋은 사람들이 모여드는 법이다. 친구를 보면 그 사람을 알 수 있다는 말도 있지 않은가. 그러므로 '인생을 행복하게 살기 위해 얼마나 애쓰고 있는가', '더 나은 사람이 되기 위해 얼마나 노력하고 있는가', '평소에 얼마나 다른 사람들을 배려하고 염려하는가'에 따라 주위에 몰려드는 친구가 달라질 수밖에 없다. 좋은 친구를 만나고 싶은가? 그러면 먼저 당신이 좋은 친구가 되어라.

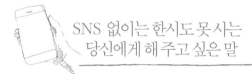
SNS 없이는 한시도 못 사는
당신에게 해 주고 싶은 말

요즘 사람들은 일어나는 순간 휴대전화부터 찾는다. 휴대전화에서 울리는 알람을 끄고 SNS를 열어 보는 순간 한 번도 가보지 못한 나라의 사람들과도 실시간으로 연결된다. 서로의 안부를 묻고, 궁금한 게 있으면 검색해 보고, 어디 가서 뭘 먹으면 좋을지, 뭘 입으면 좋을지, 어떻게 행동해야 할지도 인터넷을 통해 바로 해결한다. 굳이 누군가를 만나야 할 이유가 점점 사라지는 것이다.

언젠가 학술 모임에 참석했는데, 둥근 테이블에 모여앉은 사람 여덟 명 중 다섯 명이 각자 스마트폰을 보며 열심히 무언가를 하고 있었다. 나머지 사람들도 대화하는 도중에 자꾸 스마트폰을 들여다보았다. 일로 만나는 자리이긴 해도 오랜만에 만나는 반가운 사람들인데 이럴 거면 왜 서로 모여 있을까 하는 생각이 들 정도였다. 더욱이 놀라운 건 서로의 안부를 묻거나 잡담을 나누는 사람들이 거의 없는 그 풍경을 누구도 이상하게 생각하지 않는다는 점이었다. 여덟 명이 모두 각자의 섬에 있는 듯한 그 기이한 풍경을 말이다. 하긴 연인들이 같이 밥을 먹는데도 각자 SNS를 하느라 대화를 이어가기가 힘들다는데, 하물며 공적으로 만난 자리에 무엇을 기대하겠는가.

왜 SNS를 하면 할수록 자존감이 떨어지는 걸까?

파킨슨병으로 몸이 불편해 집 밖으로 나가기가 힘들다 보니 마음이 있어도 사람들을 만나기가 쉽지 않다. 가끔씩 친구들이 집에 들르긴 하지만 서로 바쁘다 보니 얼굴 보기가 힘들다. 그래서인지 SNS를 많이 이용하게 된다. 실시간으로 안부를 물을 수 있어 좋고, 세상 돌아가는 얘기를 나누고 각종 정보도 공유할 수 있어 좋다. 가장 좋은 건 SNS를 통해 내가 여전히 세상과 연결되어 있다는 안도감을 느낀다는 점이다. 그러나 모르는 사람들과 SNS를 하지는 않는다. 굳이 그래야 할 이유가 없기 때문이다. 하지만 딸과 대화를 나누다가 SNS 팔로워 숫자나 '좋아요' 숫자에 목숨 거는 사람들이 많다는 걸 알고 깜짝 놀랐다. 돈을 내면 팔로워 숫자를 늘려 주는 업체가 따로 있을 정도라니 놀랍지 않은가.

'나'라는 존재가 의미를 가지려면 '너'라는 존재가 절대적으로 필요하다. 시인 김춘수가 '꽃'이라는 시에서 '내가 그의 이름을 불러 주기 전에는 그는 다만 하나의 몸짓에 지나지 않았다. 내가 그의 이름을 불러 주었을 때 그는 나에게로 와서 꽃이 되었다'라고 말한 것처럼, 누군가가 불러 주었을 때 비로소 우리는 그 존재 의미를 갖는다. 그래서 인터넷 공간에서조차 우리는 자꾸만 나의 존재를 알아줄 '너'를 절실히 찾아 헤맨다.

이때 사람들은 글 자체와 자신을 동일시한다. 자기가 쓴 글에 아무런 응답이 없으면 마치 홀로 던져진 듯한 느낌을 받는 것이다. 그래서 사람들은 SNS에 사진이나 글을 올리는 순간 '좋아요' 숫자가 올라가고, 팔로워 숫자가 올라가기를 절실히 바란다. 그것은 누군가가 자신의 신호에 귀를 기울이고 반응하고 있다는 뜻이기 때문이다. 그제서야 그는 혼자가 아니다. 그리고 다른 사람이 올린 글을 공유하거나 '좋아요' 숫자를 누르며 자신의 존재를 과시하기도 한다. '내가 모든 것을 보고 있고, 평가하고 있다'는 통제감을 상대에게 주면서 내가 여기 살아 있음을 보여 주는 것이다.

그러나 SNS는 '나'와 '너'의 진실한 만남이 이루어지기 힘든 장소다. 그곳에선 내 진짜 모습을 감출 수도 있고, 상대방 또한 그럴 수 있다. '셀카'를 찍어 올리는 것만 봐도 그렇다. 수없이 많은 사진 중에 아주 잘 나온 사진만 골라서 SNS에 올리지 않는가. 남들에게 보여 주고 싶은 모습만 최대한 포장해서 올린 다음 그들의 관심을 기다리는 것이다. 초라한 모습은 절대 올라오지 않는 SNS의 세상에서 사람들은 자신이 얼마나 행복한지 보여 주고, 그것을 인정받고자 애쓴다.

그런데 자신을 잔뜩 포장해서 보여 주어도 늘 뭔가 아쉽고 못마땅하게 마련이다. 세상에는 언제나 나보다 더 잘나고 멋지고 성공한 사람들이 있기 마련이다. 그 사람들을 보면서 '부러우면 지는 거다'라고 생각하며 스스로 달래 보지만 자신이 초라하게 느껴지는 것은 어쩔 수 없다. 알바천국에서 20대를 상대로 설문조사한 바에 따르면, 자존감이 가장 낮아지는 순간이 언제냐고 물었더니 '행복해 보이는 지인의 SNS를 볼 때'라고 대답한 사람이 27.6퍼센트로 1위를 차지했다. '취업이 안 될 때'가 22.7퍼센트로 2위를 차지했으니, 이 설문조사만 봐도 얼마나 20대가 SNS에 목숨을 걸고 있는지 한눈에 알 수 있다. SNS를 통해 사람들과 실시간으로 교류하며 연결되어 있다는 안도감을 얻는 것도 잠시, 자꾸만 자존감이 낮아지는 아이러니가 발생하는 것이다.

게다가 SNS의 속성상 진지하거나 긴 콘텐츠는 살아남기가 어렵다. 그러다 보니 가벼운 유머에 열광하고, 재미있거나 자극적인 소식만 주고받게 된다. 진지하고 깊은 대화를 나누기 힘들어지는 것이다. 그럼에도 왜 사람들은 자신의 속을 감춘 채 남들에게 보이는 이미지에만 연연하는 SNS에 목숨을 거는 걸까?

SNS로 맺어진 사람들은 나를 위해 달려와 주지 않는다

그것은 그만큼 인간이 얼마나 사회적 동물인가를 방증한다. 인간관계는 상호작용을 필요로 한다. 어린 시절 혼자 놀다가 엄마를 쳐다봤을 때 엄마가 따뜻하게 웃어 주면 안도감을 느낀 기억이 누구에게나 있다. 이처럼 누군가가 내가 여기 존재하고 있음을 알아보고 반응해 주는 것, 그것이 바로 상호작용이다. 그런데 SNS에서는 사진이나 글을 올리면 바로 피드백이 온다. 상호작용이 일어나는 것이다. 예전에는 물리적으로 떨어져 있으면 누군가와 연결되고 싶어도 그것이 불가능했다. 그러다 보니 SNS는 사람들에게 언제나 매력적인 의사소통 창구일 수밖에 없다. 굳이 누군가를 만나기 위해 애쓰지 않아도 바로 연결되고 상호작용이 일어나기 때문이다.

게다가 SNS를 빠져나왔을 때 우리를 기다리고 있는 것은 가혹한 현실뿐이다. 어디에서 잘못되었는지, 어떻게 바로잡아야 할지 도무지 알 수 없는 막막한 일상으로 돌아와야 한다. 답답한 사람들은 그런 우울한 현실을 잊고자 다시 SNS로 돌아가 사람들과 가벼운 이야기를 나누며 그것에 몰두한다.

하지만 SNS는 한계가 있다. 우리가 누군가와 대화를 나눌 때 언어가 차지하는 비율은 20퍼센트밖에 안 된다. 나머지 80퍼센트는 보디랭귀지다. 우리는 상대방의 눈빛과 목소리, 말투, 손짓과 몸짓을 전체적으로 바라보며 그가 정말 말하고 싶은 게 무엇인지를 파악한다. 그런데 SNS에는 20퍼센트에 해당하는 언어밖에 없다. 그래서 상대방의 진의가 무엇인지 파악할 방법이 없다. 그의 진심과 상관없이 내가 읽고 싶은 대로 읽게 되는 것이다. 반대로 내 진심 또한 상대방이 오해할 수도 있다. 그러므로 SNS만 하면서 사람들을 자주 만나지 않게 되면, 상대방을 이해하고 공감하는 능력이 떨어지고, 대화를 나눌 때 생기는 복잡미묘한 감정을 처리하는 능력 또한 떨어지게 된다.

게다가 SNS에서는 한 번도 실제로 만난 적이 없는 사람들과도 교류하게 된다. 사람은 낯선 것에 막연한 두려움을 갖는다. 그리고 두려움은 방어적인 태도를 형성하거나 난폭함을 불러온다. 더구나 사람들은 사이버 공간에 대한 막연한 환상이 있다. 인터넷 속에서는 뭐든지 할 수 있고 모든 것이 받아들여질 것만 같은 환상이다. 그런 환상은 사이버 공간 안에서 조그만 공통점을 발견하면 갑자기 친해지게 만드는 등의 강한 감정적 교류를 가능하게 만든다. 그러나 그런 기대가 좌절되었을 때에는 그만큼 더 격렬한 분노를 형성하게 한다. 그래서 어떤 사람들은 자기 말에 부정적인 응답을 보이는 상대에게 지나치리만큼 모욕을 느끼고 과잉 반응을 보인다. 이때 나타나는 공격성은 고삐 풀린 망아지처럼 되기 쉽다. 얼굴을 맞대지 않으니 상대의 직접적인 반응을 볼 수 없기 때문이다. 그래서 SNS는 한순간에 외로움에 떠는 사람들끼리 서로 물어뜯고 깊은 상처를 입히는 공간으로 변질되어 버린다.

우리가 그처럼 SNS에서 공격성을 감추려 노력하지 않고 마구 드러내는 이유는 언제든 리셋이 가능하기 때문이다. SNS의 인간관계가 마음에 안 들면 바로 탈퇴하면 그만이다. 다른 계정을 만들어서 접속하고 싶은 사람과 연결하면 된다. 이처럼 내 뜻대로 완벽하게 통제가 가능하다는 사실은 내 힘으로는 되는 게 거의 없는 이 세상에서 굉장한 매력을 지닌다. 마치 컴퓨터가 말을 듣지 않으면 리셋 버튼을 눌러 시스템을 다시 시작하는 것처럼 말이다. 그런데 언제든 리셋이 가능하다는 사실은 한편으로 SNS로 맺어진 관계는 별 의미가 없다는 허무함을 안겨 준다. 그동안 쌓아온 기록들이 모두 삭제되는 순간 지금껏 쌓은 추억과 시간도 다 날아가 버린다.

누군가와 관계를 맺으면 서로가 함께 만든 기억이 쌓이게 마련이다. 같이 울고, 같이 웃었던 기억들이 서로를 끈끈하게 이어 준다. 하지만 SNS는 그 특성상 한순간에 삭제가 가능하다. 그러므로 SNS에서 서로를 아끼고 보살피는 깊은 인간관계를 맺기란 매우 어렵다. 즉 당신이 다치거나 쓰러졌을 때 SNS에서 맺어진 사람들은 당신에게 달려오지 않을 것이다.

그러니 SNS를 하되, 그것을 하느라 소중한 사람들과 나누는 시간을 망치지 마라. 음식이 다 식어 가는데도 사진을 올려야 하니까 참으라고 말하는 것은 당신이 지금 만나고 있는 사람에 대한 예의가 아니다. 멋진 노을을 보면서 그것을 만끽하고 있는 사람에게 빨리 사진을 찍어야 한다고 닦달한다면 그것 또한 예의가 아니다. 당신이 지금 집중해야 할 사람은 바로 당신 앞에 있는 그 사람이다.

Chapter 6

회사 사람들과 나 사이에 필요한 거리
: 1.2~3.6m

'직장 친구' 대신 '직장 동료'라는 말이 있는 이유

　인생을 통틀어 3분의 1 정도의 시간이 일하는 데 쓰인다. 특히 직장인의 경우 그 3분의 1이라는 긴 시간을 특정한 장소에서 특정한 사람들과 보내게 된다. 직장이라는 곳에서 우리는 마음에 맞는 사람을 만나기도 하고, 싫어하거나 잘 맞지 않는 사람을 만나기도 한다. 그러나 아무리 좋아하고 가깝게 지내는 사람이라도 우리는 그를 '직장 친구'라고 부르지 않는다. 대신 '직장 동료'라는 말을 사용한다. 왜 그럴까? 서로 속내를 다 털어놓고, 같이 상사 흉을 보고, 같이 술을 먹고, 함께 일하면서 왜 정작 '친구'라는 말을 붙이기는 꺼리는 걸까? 직장에서는 친구를 만들 수 없는 걸까?

　수현 씨와 준서 씨는 대학을 졸업하고 어렵게 들어간 첫 직장에서 만났다. 신입 사원 열 명 중 같은 부서에 배치된 사람은 둘밖에 없다 보니 함께하는 일이 많을 수밖에 없었고, 실수를 저질러 상사한테 혼날 때마다 서로 위로하면서 자연스럽게 친해졌다. 게다가 둘은 나이도 같은 데다 지방에서 올라와 자취를 하고 있어서 공감대가 넓었다. 그래서 어느새 가족 얘기에 여자 친구 얘기, 회사 사람들 험담까지 나누는 사이가 되었고, 서로 모르는 게 없을 정도로 친한 친구가 되었다.

그런데 3년 뒤 수현 씨는 대리로 승진했지만, 준서 씨는 승진에서 탈락했다. 둘 사이가 어색해지기 시작한 것은 그때부터였다. 준서 씨는 억울했다. 실력으로 보면 자신이 더 뛰어난데 수현 씨는 운 좋게 상사를 잘 만나 승진한 케이스라고 생각했다. 물론 수현 씨 생각은 달랐지만 준서 씨 앞에서 티를 낼 수가 없었다. 그러면서 자신을 은근히 얕잡아 보는 준서 씨에 대한 서운함과 원망은 커져 갔다. 그런 데다 같은 부서 내에서 수현 씨가 속한 팀과 준서 씨가 속한 팀끼리 경쟁이 붙자 둘의 관계는 더욱 서먹해졌다. 그러던 어느 날 준서 씨는 다른 부서 사람으로부터 수현 씨가 자신의 험담을 하고 다닌다는 얘기를 듣게 되었다. 준서 씨가 수현 씨를 진정한 친구라고 생각했기에 털어놓았던 자기 집안에 관련된 얘기였다. 결국 둘은 술자리에서 크게 싸웠고, 그 뒤로 생판 모르는 남보다 못한 사이가 되고 말았다.

친구 사이도 시간이 흐르면서 부침을 겪는다. 한때 친했지만 차츰 멀어지기도 하는 것이다. 수현 씨와 준서 씨가 바로 그런 경우일 수도 있다. 하지만 처음부터 둘의 관계는 분명한 한계를 가지고 있었다. 바로 직장 동료라는 한계다. 직장은 친구를 사귀기 위해 들어간 곳이 아니라 일을 하기 위해 들어간 곳이다. 즉 직장은 책임을 질 줄 아는 성인들이 일을 매개로 만나 어떤 일을 같이 해 나가는 공적인 공간으로, 직장인들은 각자 맡은 역할을 하면서 월급을 받고, 일을 통해 자신을 실현해 나간다. 그리고 일을 잘하는 사람이 되려면 경쟁을 통해 남들보다 능력이 뛰어나다는 사실을 입증해야만 한다. 승진하고, 연봉을 더 많이 받으려면 어쩔 수 없이 경쟁을 치러야 하는 것이다. 그래서 출발선은 같을지 몰라도 시간이 흐르면 능력에 따라 격차가 벌어지게 된다. 그리고 사원이냐, 대리냐, 과장이냐, 차장이냐에 따라 권한과 책임이 달라진다.

그러므로 직장에서 만난 관계에서는 시기심, 우월감과 열등감, 경계심 등 부정적인 심리적 요소가 끼어들 여지가 너무 많다. 함께 일하는 과정에서 친근감이나 유대감, 협동심 등이 싹트기도 하지만 그렇다고 해도 경쟁 체제라는 기본적인 현실이 바뀌지는 않는다. 직장에서 맺는 모든 관계는 일을 매개로 만난 계약 관계다. 동료나 선후배와 아무리 사이가 좋아도 결국은 서로 비교하고 비교당하며, 또 평가하고 평가당하는 사이

일 뿐이다. 물론 아주 친한 사람이 생길 수도 있지만, 그것은 개인이 만들어 낸 일종의 덤이지, 직장 내 인간관계의 본질은 아니다. 그러므로 직장에서 가족이나 친구 같은 인간적인 관계를 기대하면 안 된다.

수현 씨와 준서 씨는 서로 마음이 잘 맞아 친해졌다. 그런 사람을 직장에서 만났다는 것은 큰 행운이다. 하지만 그들은 직장 내 인간관계의 한계를 무시했다. 그래서 친한 친구에게 하듯이 부끄럽고 창피한 비밀까지도 털어놓았다. 하지만 승진 앞에서 경쟁이 심해지고 서로의 위치가 달라지자 그 비밀은 험담으로 악용되고 말았다. 일차적으로 잘못은 준서 씨의 비밀을 타인에게 발설한 수현 씨에게 있다. 하지만 내가 만약 준서 씨라면 아무리 친해도 수현 씨에게 개인적인 비밀을 얘기하지는 않았을 것이다. 직장에서 만난 사람에게 개인적인 비밀을 털어놓아야 할 아무런 이유가 없기 때문이다.

우리는 누군가와 친해지면 개인적인 비밀들을 꺼내 보이기 시작한다. 서로 알아가는 과정에서 비밀을 공유하면서 그만큼 가까워지는 것이다. 그래서 상대의 비밀을 얼마나 알고 있느냐에 따라 친한 정도를 가늠하기도 한다. 하지만 직장에서는 사생활을 털어놓아야 할 이유가 없다. 직장에서는 일을 하면 그만이다. 게다가 경쟁이 치열한 직장에서 친한 동료나 친한 선후배가 내 비밀을 악용한다면 어떻게 할 것인가.

하지만 우리나라에는 '우리가 남이가?'라는 공동체적인 문화가 뿌리 깊게 자리 잡고 있어 처음 만난 사람에게도 아무렇지 않게 "결혼했어요?", "남자 친구는 있어요?", "아이는요?"라고 묻는다. 외국에서는 비즈니스로 만난 관계에서 일과 관련이 없는 질문을 던지는 것 자체가 실례. 개인의 사생활은 기본적으로 보호되고 존중받아야 마땅하다는 것이 그들의 생각이기 때문이다. 나는 직장에서도 마찬가지여야 한다고 생각한다.

이렇게 말하면 사람들은 너무 비인간적이지 않느냐고 반문한다. 그러나 나는 '직장 친구'라는 말 대신 '직장 동료'라는 말이 존재하는 이유를 나쁘게만 바라보지 않는다. 직장 내 인간관계의 한계를 인정하고 받아들이면 오히려 상대를 덜 감정적으로 대할 수 있고, 일하는 데만 집중할 수도 있다. 그렇게 수차례 함께 회의를 하고, 밤새 야근하며 협력을 하다 보면 어느새 상대방에게 동료애를 느끼기도 한다. 이때 동료애란 하나의 목표를 향해 달려가기에 충분히 신뢰할 만한 사람에게 느끼는 감정이다. 그러므로 대하기 어려운 뭔가가 있더라도 그 사람과 계속 같이 일하고 싶다는 생각이 들면 '왜 우리 사이는 편하지 않은 걸까?' 하고 너무 고민하지 마라. 서로를 배려하고 존중하는 마음을 가지고 있다면 직장에서는 그것으로 충분하다. 아무리 좋은 남자와 좋은 여자를 만나게 해 줘도 그들 사이에 끌림이 없으면 연인 관계로 발전하기 힘든 것처럼, 아무리 괜찮은 사람들이라도 둘 사이는 막상 그리 친하지 않은 경우도 허다하다.

나는 직장에서 맺을 수 있는 가장 괜찮은 관계는 부서를 옮기거나 회사를 옮겼을 때도 같이 일하고 싶은 동료 혹은 선후배 사이가 되는 것이라고 생각한다. 그럴 때 서로의 사생활을 얼마나 많이 알고 있느냐는 전혀 중요치 않다. 의사들 사이에서 가장 좋은 평가는 '내 가족을 소개해 줄 수 있는 의사'다. 동료가 자기 가족의 치료를 나한테 맡기는 것만큼 실력을 인정한다는 증거가 또 어디 있겠는가.

직장이라고 해서 사생활에 관한 모든 것을 비밀에 부치고 사소한 개인적인 질문 하나에도 날카롭게 반응하라는 말은 아니지만, 굳이 감추고 싶은 비밀까지 동료에게 드러내야 할 필요는 없다. 상대방이 만약 우리 사이가 그 정도밖에 안 되냐며 서운해해도 앞으로도 그 관계를 건강하게 유지하고 싶다면, 상대방에게 혹시나 뒤통수를 맞더라도 감당할 수 있는 정도만 얘기하는 게 좋다.

마지막으로 직장에서는 무엇보다 많이 듣고 적게 말하는 것이 좋다. 특히 누군가의 이야기를 그가 없는 자리에서 하는 것은 극도로 조심해야 한다. 그런 이야기를 나눈 자체가 오해와 불신의 씨앗일뿐더러 설마 그럴까 싶지만 험담은 어떻게든 퍼져서 반드시 당사자의 귀에 들어가게 되어 있다. 당신이 그 당사자가 아니라서 다행이라고 생각한다면 오산이다. 당신과 함께 누군가의 이야기를 나누었던 그 사람들은 어디에선가 당신에 관한 이야기를 하고 있을 것이다. 그러니 차라리 타인의 이야기에는 신경을 꺼 버리고, 가십이나 소문을 퍼 나르는 사람이 되지 않도록 하라. 지금껏 입이 가볍고 남의 험담을 즐기는 사람들이 성공하는 사례는 거의 보지 못했다. 차라리 그 시간에 좀 더 재미있고 행복한 일을 하라.

왜 우리 회사에는
이상한 사람들이 많은 걸까?

남의 업적을 가로채면서도 뻔뻔한 김 부장, 입만 열면 자기 자랑하기 바쁜 박 과장, 세상 모든 것이 불만인 최 대리, 일은 안 하고 남의 험담에만 열을 올리는 황 대리…. 도대체 왜 우리 회사에는 이렇게 이상한 사람들이 많은 걸까?

직장인들의 회사 생활을 가장 괴롭게 만드는 요인은 일이 아니라 바로 인간관계라고 한다. 물론 이전에도 마음에 안 드는 사람, 말이 안 통하는 사람, 이유 없이 싫은 사람들을 만난 적이 있다. 하지만 그때는 그런 사람과는 상대를 안 하면 그만이었다.

그런데 직장에선 다르다. 싫든 좋든 같이 일하고, 밥 먹고, 술도 마셔야 한다. 보기 싫다고 안 보고 살 수가 없다는 말이다. 더 큰 문제는 그 어떤 조직에든 이상한 사람들은 일정 수 이상 존재한다. 즉 이 세상 어디를 가든 이상한 사람들을 만날 수밖에 없다. 그래서 원하든 원치 않든 우리는 이런 사람들과 같이 일하고 생활하는 방법을 배워 두어야 한다. 이상한 사람들을 만나 상처 입지 않으려면 그들로부터 자기 자신을 지키는 법을 배워야 하는 것이다. 김애란의 단편소설 〈풍경의 쓸모〉에서 '어른이 별건가? 지가 좋아하지 않는 인간하고도 잘 지내는 게 어른이지'라는 구절을 읽고 고개를 끄덕인 이유도 바로 그 때문이다.

그런데 이때 '잘 지낸다는 것'이 그 관계에 최선을 다해야 한다는 뜻은 아니다. 인생에서 결코 중요하지 않은 사람들에게 한정된 소중한 에너지를 낭비할 필요는 없다. 에너지는 좋아하는 사람들에게 더 많이 써도 부족하다. 이상한 사람들을 대하는 최선의 방법은 그들이 어떤 도발을 해 오든 그에 휘둘리지 않는 것이다. 물론 작정하고 공격해 오는 이상한 사람에게 휘둘리지 않기란 어렵다. 그들의 얼굴을 매일 봐야 하는 것만으로도 스트레스를 받는다. 하지만 한번 휘둘리게 되면 그들은 당신을 먹잇감으로 삼고 놔 주지 않을 것이다.

다음은 이상한 사람들을 유형별로 나누고, 그에 맞춰 당신이 알아 두어야 할 대응 방법을 정리한 것이다.

1. 질투와 시기심이 강한 사람

남 잘되는 꼴을 죽어도 못 보는 사람들이 있다. 질투와 시기심이 강한 그들은 마치 세상 사는 목적이 남을 이기는 데 있는 것처럼 절대로 지고는 못 산다. 그래서 항상 분위기를 대결 구도로 만들어 팽팽한 긴장감을 조성해 사람을 피곤하게 만든다. 그들은 속으로 '나는 왜 이렇게 운이 없는 거야? 왜 나만 이렇게 힘들게 살아야 돼?'라고 생각한다. 그러므로 그들을 대할 때는 가급적이면 자랑을 삼가고 겸손한 태도를 취하는 것이 좋다. 굳이 그 사람의 시기심을 자극할 필요는 없다는 말이다. 또 그들이 가진 장점을 칭찬해 주면 그들의 공격성이 많이 수그러든다.

그렇게 비위를 맞춰 주는 일에 신물이 날 지경이라면 그들이 감히 시기하지도 못 할 만큼 높은 자리에 올라가거나 큰 성취를 이루어라. 흔히들 사촌이 땅을 사면 배가 아프다는 말을 한다. 여기서 주목할 것은 할아버지나 삼촌이 땅을 살 때는 배가 안 아픈데 유달리 사촌이 땅을 사면 배가 아프다는 점이다. 왜냐하면 사람들은 보통 배경이나 능력이 비슷하다고 여기는 사람에게 질투를 느끼지, 자기보다 월등한 조건을 갖춘 사람과 자신을 비교하지는 않기 때문이다. 그러므로 시기심이 강한 사람을 피하려면 더 높이 올라가 버리는 것이 그에게 휘둘리지 않는 가장 좋은 방법일 수 있다.

물론 터무니없는 시기와 질투를 받으면 화가 나게 마련이다. 게다가 마음을 독하게 먹지 않으면 시기심에 가득 찬 말에 큰 상처를 입을 수도 있다. 하지만 아무리 상대방이 상처 주려고 마음먹어도 내가 상처를 안 받으면 그만이라는 사실을 언제든 기억하기 바란다.

2. 불평불만이 많은 사람

좋은 소리도 반복해서 들으면 지겨워진다. 그런데 곁에 앉은 동료가 매번 부정적인 측면만 들추어내며 투덜거리면 점점 더 그와는 얘기하기가 싫어진다. 불평불만이 심한 사람이 문제가 되는 이유는 그가 가진 부정적인 생각들이 동료들의 사기까지 저하시킨다는 데 있다. 부정적인 생각과 감정은 전염 속도가 빨라 팀 전체에 악영향을 끼친다. 그나마 불평불만을 잠재우는 길은 그의 이야기를 최대한 잘 들어 주는 것이다. 혹여나 불평꾼에게 충고나 격려를 하려고 마음먹었다면 그만두어라. 그들은 자기 이야기에 진정으로 귀를 기울여 주기를 바랄 뿐이니까. 그러면서 은근히 "뭐 그렇다고 꼭 나쁜 것만도 아니야" 하며 다른 관점을 제시해 주는 것도 좋다.

3. 지독한 나르시시스트

세상에는 자기가 최고라는 착각에 빠져 다른 사람들이 늘 자신을 칭찬하고 자신에게 감탄해야 마땅하다고 여기는 이들이 있다. 이들은 지극히 자기중심적이고 자기 자랑이 많으며 남에게는 아무 관심이 없다. 그리고 누군가가 자신을 비판하면 참지 못하고 불같이 화를 낸다. 그러므로 나르시시스트를 대할 때는 그의 장점을 부각해 주되, 지적 사항에 대해서는 틀렸다고 말하거나 고치라는 식의 직설적인 화법은 피하고 달래듯 말하는 화술이 필요하다. 이를테면 "참 좋은 생각인 것 같아. 그런데 이렇게 하면 더 괜찮을 것 같은데 당신 생각은 어때?"라고 말하며 가급적 상대가 결정하는 것 같은 분위기를 유도하는 것이다. 왜냐하면 나르시시스트들은 타인에게 통제당하는 것을 매우 싫어하기 때문이다.

4. 아첨꾼

아부를 잘하는 사람들이 있다. 어제저녁까지만 해도 팀장에 대해 험담하기 바쁘더니 오늘은 팀장 앞에서 쓸개라도 빼 줄 듯 아첨하는 그의 모습을 보자면 경이로울 지경이다. 그렇다고 해도 '저것도 참 대단한 능력이다'라고 생각하면 그만이다. 아첨꾼의 행동 패턴이 마음에 들지 않을 뿐, 나에게 직접적인 해를 끼치는 것은 아니므로 크게 신경 쓸 필요가 없다는 말이다. 만일 그의 행동이 너무 신경에 거슬려서 못 견디겠다면 나에게 문제가 있는 건 아닌지 살펴보아야 한다. 회사에서 약자에게는 어느 정도의 처세술이 필요하기 마련인데, 그것을 극도로 혐오하면 인간관계에 있어 다른 문제를 일으킬 수 있기 때문이다.

5. 자기 얘기만 하는 사람

세상에는 말이 안 통하는 사람들이 있다. 그들은 다른 사람의 말을 전혀 듣지 않고 자기 생각만을 일방적으로 쏟아 낸다. 아무리 대화를 시도해도 내 말에 전혀 귀를 기울이지 않는다는 사실만 확인하게 될 뿐이다. 이처럼 '입력(input)'은 없고, '출력(output)'만 있는 사람과의 대화만큼 맥이 빠지는 게 없다. 마치 벽을 보고 얘기하는 듯한 느낌을 받기 때문이다. 게다가 그들은 공감 능력이 거의 없으며 명령조로 얘기하기 때문에 그런 사람과는 가급적 대화를 피하는 것이 좋다. 대화를 계속 진행해 봐야 에너지를 소모하는 것 외에 남는 것이 없다.

6. 습관적 회의론자

어떤 일을 시작하기도 전에 "이게 과연 될까?"라고 초를 치는 사람들이 있다. 이들은 확실하지 않으면 움직이지 않으려 한다. 조금이라도 실패하거나 실수하는 것을 못 견디기 때문이다. 그래서 우유부단하고 결단력이 없다. 이들을 끌고 나갈 때는 괜한 희망을 심어 주는 것은 별 효과가 없다. 오히려 실패에 대한 두려움을 낮춰 주는 편이 낫다. 만일 동료가 습관적 회의론자라면 "같이 잘 만들어 보자"라고 말하는 것이 좋다.

불손한 자, 고집스러운 자 그리고 어리석은 자에게는 언제나 예의로 대하라는 말이 있다. 그들과는 충돌하지 않는 것이 가장 현명한 방법이라는 뜻이다. 당신이 그들을 아무리 바꾸려고 노력해 봐야 그들은 바뀌지 않는다. 그러므로 그들을 위한다는 마음에 괜한 충고나 조언을 건네지 마라. 그리고 질투와 시기심, 누군가에게 잘 보이고 싶고 인정받고 싶은 마음은 그들뿐만 아니라 여느 사람도 가지고 있다. 그러므로 굳이 그들의 단점을 들추지 마라. 아무리 이상해 보여도 그들을 함부로 무시하거나 비판하지 말라는 얘기다.

사람 때문에 회사를
그만두고 싶은 이들에게

　내가 오랫동안 근무했던 국립정신병원을 나와 개인 병원을 개업한 것은 마흔두 살인 2000년이었다. 당시 나는 나름대로 잘나가는 의사였다. 나를 찾는 환자들도 많았고, 학회에서도 꽤나 인정받았다. 그래서 나는 내 병원을 열면 환자들이 끝없이 몰려들 거라고 생각했다. 그런데 웬걸, 빵 하나, 빵 둘, 빵 셋… 환자 수가 0명, 0명, 0명인 날들이 이어지는 게 아닌가. 그런 날들이 3개월이나 지속되었다. 나는 그제야 그 많던 환자들이 잘난 나를 알아보고 찾아온 게 아니라 국립정신병원이라는 큰 조직을 보고 온 거였다는 사실을 여실히 깨달았다. 사람들이 한두 명씩 소개로 찾아오면서 정상적으로 병원이 운영되기 시작한 건 6개월 뒤였다.

사람 때문에 스트레스를 받아 더 이상 회사를 못 다니겠다고 하소연하는 이들을 만날 때마다 나는 그때가 떠오른다. '설마 오늘도 0은 아니겠지?' 하며 마음 졸이던 그때, "그래도 따박따박 월급 받는 게 나아"라고 말하는 창업자들의 마음에 조금씩 공감이 가던 그때, 의사로서의 실력이 뛰어나다고 병원이 다 잘되는 게 아니며 병원 위치 선정과 병원 홍보 등 경영에 관한 지식도 필요하다는 것을 깨우쳤던 그때….

솔직히 나는 내 병원을 차리면 의사로서 환자들만 보면 되니까 사람 때문에 스트레스 받을 일도 없을 거라고 생각했다. 그런데 복잡한 서류 제출이나 세금 납부 등 한 번도 해 보지 못한 법적인 문제, 세무적인 문제들도 혼자 해결해야 했고, 수입 및 지출 관리도 해야 했고, 하다못해 청소도 알아서 해결해야 했다. 월급 받으며 병원에서 시키는 일만 하면 되었던 직장인 때와는 달라도 너무 달랐다. 또 국립정신병원에 근무할 때는 환자 외에는 동료 의사나 병원 관계자 등 늘 보던 사람들만 상대했다면, 개업을 하고 나서는 낯설고 생경한 분야에서 일하는 사람들을 먼저 찾아가 만나야 했다. 하기 싫은 일이 한두 개였던 직장인 시절과는 달리, 혼자 세상에 나와 부딪치려니 싫든 좋든 해야만 하는 일들이 너무 많았다.

게다가 국립정신병원을 떠난 나는 '아무것도' 아니었다. 큰 회사를 떠나 개인 사업자가 되고 보니 여기저기서 무시당하기 일쑤였다. 끊임없이 나를 찾던 각종 기관들은 연락을 끊었고, 은행에서는 대출받기도 쉽지 않았다. 정말이지 마흔두 살의 나에게 세상은 생각보다 더 가혹했다. 그동안 내가 머물렀던 국립정신병원이라는 울타리가 얼마나 든든했는지를 역설적으로 깨닫는 시간이었다.

그렇다고 내가 개인 병원을 연 걸 후회한다는 말은 아니다. 만약 국립정신병원에 남아 있었다면 환자 진료는 후배들에게 맡기고 관리자로서 후배들을 감독하고 병원 운영과 관련된 업무들을 더 많이 맡게 되었을 것이다. 그러나 나는 관리자가 되기 싫었다. 그래서 병원 개업 초기에는 많이 헤맸지만 결과적으로는 원하던 대로 환자들을 진료하는 일에만 매진할 수 있게 되어 좋았다. 태풍이나 폭설을 뚫고서 나를 만나러 오는 환자들을 볼 때면 그 환자들에게 내가 정말 중요한 사람이라는 생각이 들어 더 열심히 해야겠다는 책임감과 함께 '그래도 내가 꽤 괜찮은 치료자구나'라는 의사로서의 보람도 더 많이 느낄 수 있었다.

직장인들의 로망 중 하나는 불시에 사직서를 제출하며 "그동안 감사했습니다"라고 말하고는 깔끔하게 회사를 그만두는 것이다. 하지만 밥벌이를 해야 하니까, 빚을 갚아야 하니까, 가족들을 먹여 살려야 하니까 어제도 오늘도 회사를 그만두지 못한다. 일이 너무 많아도 견뎌야 하고, 하기 싫은 일도 해야 하고, 듣기 싫은 소리도 참고 들어야 한다.

"정말 더 이상은 회사를 못 다니겠어요."

한 환자는 자기를 괴롭히는 상사 때문에 너무 힘들다고 말했다. 상사는 하루 종일 주식 그래프만 들여다보고 있으면서도 팀원들이 잠깐 자리를 비우면 불같이 화를 냈다. 괜찮은 아이디어라며 추진해 보라고 말하다가도 윗사람이 별로라고 하면 금세 말을 바꾸어 담당자를 혼내기 일쑤였다. 퇴근하기 30분 전에 일을 주면서 내일 아침까지 다 끝내라고 지시한 적도 부지기수였다. 게다가 불시에 저녁 회식을 잡고서는 피치 못할 사정으로 누군가 빠지면 다음 날 그 사람을 엄청나게 갈구었다. 그녀는 부당한 지시를 일삼는 상사와 말을 섞는 것조차 싫어서 그와 부딪힐 만한 자리는 되도록 피했고 꼭 해야 할 이야기가 있으면 뚱한 표정으로 대꾸했다. 그래서 그녀는 상사에게 유독 많이 지적을 당하곤 했다. 그녀는 어느 날부터 상사 앞에서는 아무 말도 못 하면서 뒤에서만 궁시렁대는 팀원들도 얄밉게 느껴졌다. 그녀는 계속 회사를 다니다가는 자기가 미쳐 버릴지도 모르겠다고 했다. 그런데 가만히 얘기를 듣던 나는 그녀에게 말했다.

"다른 회사를 갔는데 그런 상사를 또 만나면 어떨 것 같아요?"

그녀는 설마 그런 일이 또 생기겠냐고 대답했지만, 냉정히 말해 그녀가 열거한 상사의 나쁜 점들은 대한민국의 웬만한 상사들이 저지르는 실수들이다. 그녀의 상사가 나쁜 점들을 유독 많이, 자주 보여 주었을 뿐이지, 다른 상사들이라고 전혀 다르지는 않다는 뜻이다. 일과 삶의 균형을 이야기하지만 전 세계에서 업무량이 많기로 유명한 나라가 바로 우리나라다. 또 윗사람에게 잘 보여 승진을 하고 싶지만 능력이 부족해 괜히 팀원들만 고생시키는 상사도 주변에서 흔히 볼 수 있다. 그리고 회식에 빠지는 팀원을 좋아하는 상사는 아무도 없다. 그녀의 상사처럼 저열하게 티를 내지 않을 뿐이다.

만약 그녀가 이직을 위해 면접을 보는 자리에서 "전 직장을 그만둔 이유가 뭔가요?"라는 질문에 솔직하게 상사가 너무 권위적이고 불합리하게 일을 많이 시켜서 그만두었다고 대답한다면 어떻게 될까? 아마도 그녀는 열에 아홉 불합격 통보를 받게 될 것이다. 실제로 경력자를 뽑는 경우 면접관들은 회사를 그만둔 이유로 전 회사나 동료들에 대해 나쁜 이야기를 늘어놓는 사람을 꺼린다. 똑같은 이유로 회사에 적응하지 못할 수도 있기 때문이다. 그러므로 객관적인 수치로 누구나 고개를 끄덕일 만한 이유를 들지 못할 바엔 면접 자리에서 전 회사 비판은 삼가는 것이 낫다.

물론 그녀는 억울할 것이다. 능력도 없고 불합리한 지시를 일삼고 책임 회피에 도가 튼 사람을 상사로 만났으니 얼마나 억울하겠는가. 하지만 그럴수록 그녀가 기억해야 할 것은 그 상사를 피해 이직을 해도 문제가 해결되지는 않는다는 점이다. 정도의 차이일 뿐 그가 어디서든 만날 수 있는 유형의 사람이라면 그런 사람과도 같이 일하는 법을 차라리 지금 배워 두는 게 낫다. 물론 이직해서 좋은 사람들을 만나 신나게 일할 수도 있을 것이다. 하지만 그런 행운이 반드시 찾아온다는 확신이 없는 이상, 상사만 아니라면 지금 회사를 관둘 이유가 없는 상황이라면 도망치듯 회사를 옮겨서는 안 된다. 다음은 회사에서 마주치기도 싫은 사람들을 대하는 몇 가지 방법이다.

1. 일부러 적을 만들지는 마라

싫으면 꼭 티를 내는 사람들이 있다. 마치 상대방이 그것을 알아채고 기분이 나쁘거나 화가 나기를 바라는 사람처럼 말이다. 심지어 그것을 솔직하고 정의롭다고 생각하는 사람들도 있다. 만일 목적하는 바가 싸움이라면 싫은 티를 내도 좋다. 하지만 싸움을 원하는 게 아니라면 최대한 예의를 갖추어라. 그렇다고 싫은 사람의 비위를 맞추라는 말이 결코 아니다. 어떤 사람이든 상대방이 자신의 말을 자르거나, 대화하는 내내 기분 나쁜 표정을 짓고 대꾸도 안 하면 기분이 상할 수밖에 없다. 아무리 싫어도 노골적으로 싫은 티를 내지는 말라는 말이다. 안 그래도 경쟁을 할 수밖에 없는 회사에서 일부러 적을 만들

필요는 없지 않은가.

2. 싫은 사람과 그와 같이 하는 일을 구분하라

싫은 사람과 굳이 친해지려고 하거나 그를 좋아하려고 너무 애쓸 필요는 없다. 마음에도 없는 노력은 관계를 더욱 어색하게 만들 뿐이다. 그리고 싫은 사람을 고치려고 하지 마라. 아무리 당신이 옳아도 상대방을 마음대로 바꿀 수는 없으며, 바꾸려고 해 봐야 오히려 사이만 더 나빠질 뿐이다. 또한 직장은 일을 하기 위해 모인 곳이지 친목을 다지기 위해서 모인 곳이 아니다. 그러므로 싫든 좋든 상대방과 일을 하기 위해 함께한다는 사실을 잊지 마라. 싫은 사람과 일을 하게 되면 아무래도 불편할 수밖에 없지만 일은 일일 뿐이다. 일에는 최대한 감정을 개입시키지 않는 것이 좋다. 일을 망칠 작정이 아니라면 말이다. 만약에 바로 위의 상사를 싫어한다고 해 보자. 그를 싫어하는 것과 역할을 다하는 것은 다른 문제다. 아무리 상사가 싫어도 팀원으로서 해야 할 일은 해야 하고, 상사에게 지켜야 할 기본적인 예의는 다해야 한다.

3. 하얀 거짓말도 필요한 법이다

어떤 상황에서든 솔직한 게 좋다고 생각하는 사람들이 있다. 그들은 감정도 솔직하게 드러내는 것이 낫다고 생각한다.

하지만 직장에서는 결코 솔직함이 최선은 아니다. 특히 서로 의견이 충돌할 때 너무 솔직하게 감정을 드러내면 갈등이 격화되기 쉽다. 그럴 때 약자에게 필요한 것이 바로 하얀 거짓말이다. 이를테면 친구와 약속이 잡혀 있는 상태인데 상사가 불시에 회식을 잡는다고 해 보자. 그럴 때 "어머니 생신이라 빠질 수가 없네요. 죄송합니다. 다음번엔 절대 이런 일이 없게 하겠습니다"라고 말하는 게 하얀 거짓말이다. 그러면 상사 입장에서도 안 들어줄 수 없는 명분이니 당신은 무사히 그 상황에서 빠져나와 약속을 지킬 수 있다. 그런데 곧이곧대로 애초에 회식을 잡은 방식이 옳지 못하다며 "제가 약속이 있어 못 가겠습니다"라고 솔직하게 말했다고 치자. 그러면 상사가 미안하다며 회식을 취소할까? 그런 일은 절대 발생하지 않는다. 오히려 상황만 악화될 뿐이다. 싫은 사람의 부당한 대우를 계속 참아야 할 이유는 없다. 하지만 작정하고 관계를 끊을 게 아니라면 약자들의 경우 하얀 거짓말을 보다 적극적으로 이용할 필요가 있다.

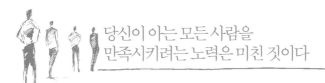

당신이 아는 모든 사람을
만족시키려는 노력은 미친 짓이다

누구나 타인에게 사랑받고 싶어한다. 그리고 사랑받기를 원하는 만큼 미움받기를 두려워한다. 작정하고 타인에게 미움받고 싶은 사람이 어디 있겠는가. 하지만 내가 그 어떤 노력을 기울여도 나를 싫어하는 사람이 있게 마련이다. 하나라도 실수하지 않으려 노력하고, 쉴 새 없이 일하고, 항상 남보다 더 많은 책임을 떠안고, 상대방이 원하는 것을 다 들어줘도 상대방이 나를 싫어할 수 있다. 그것은 슬픈 일이지만 받아들여야 하는 현실이다.

그녀도 마찬가지였다. 그녀는 누구보다 일찍 출근해서 밤늦도록 일했다. 모든 일을 완벽하게 처리하려고 애썼고, 남의 부탁을 거절해 본 적이 없다. 그래도 뭔가 부족하다는 생각이 들었고 그럴수록 더 노력했다. 그런데 어느 날 그녀는 사이가 좋다고 생각했던 여자 동기에게서 충격적인 이야기를 들었다.

"야, 너만 없으면 내가 제일 주목받을 수 있는데 너 때문에 내가 밀리잖아. 나는 네가 싫다." 그 말을 듣는 순간 그 동기가 도와달라고 해서 며칠 동안 야근까지 해 가며 보고서를 대신 작성해 줬던 기억이 떠올랐다. 그 보고서로 그 동기는 우수사원상까지 받았는데 고맙다는 말 한 번 제대로 하지 않았다. 그녀는 다음 날부터 출근하기가 두려웠다. 자신이 아예 회사에서 사라지기를 바라는 여자 동기를 더 이상 아무렇지 않게 볼 자신이 없었기 때문이다.

우리는 직장에서 일을 하고, 일한 만큼 보람을 얻고 싶어 하지만, 그 단순한 걸 얻기 위해 참 많은 것들을 견뎌야 한다. 특히 더 높은 곳에 올라가지 못하면 낙오자가 되고 마는 현실에서 사람들은 살아남기 위해 타인에게 날카로운 칼을 휘두른다. 또 내가 아무리 노력해도 상사가 나를 싫어하면 낮은 평가 점수를 받고, 내가 아무리 잘했어도 팀 전체가 부진하면 승진을 못 하는 등 온갖 불합리한 일들이 비일비재하게 일어난다. 그런 상황에서 쓰러지지 않으려면 누가 뭐라든 내가 나를 가장 소중히 여기고, 나를 지킬 수 있어야 한다. 그러지 못하면 직장에서 나를 지켜줄 사람은 아무도 없기 때문이다.

그리고 모든 사람에게 사랑받는 사람은 이 세상에 아무도 없다. 내가 아무리 예뻐도, 내가 아무리 일을 잘해도 나를 싫어하는 사람이 있게 마련이다. 그게 인생이다. 버락 오바마 전 미국 대통령을 좋아하는 사람들이 많지만 그를 싫어하는 사람들도 미국에만 30퍼센트가 넘는다. 이순신은 목숨을 바쳐 나라를 지킬 각오가 된 장군이었지만 당시에는 모함을 당했다. 그렇게 보자면 나를 아는 사람들 중 30~40퍼센트만 나를 좋아해 준다면 정말 감사한 일이다. 반대로 생각해 보면 더 쉽게 이해될지 모르겠다. 당신도 이유 없이 그냥 싫은 사람이 분명히 있을 것이다. 당신도 누군가의 사랑 고백에 싫다고 대답한 적이 있고, 누군가가 친해지고 싶다고 다가오면 슬쩍 거부한 적도 있을 것이다. 또 당신에게 별로 잘해 주지도 않았는데 이유 없이 마음이 가는 사람도 분명 있었을 것이다. 그렇게 보면 당신의 노력 여부와 상관없이 당신에게 별 관심이 없거나 당신을 불편하게 느끼는 사람이 있는 게 당연하다. 그런데도 당신이 아는 사람 모두가 당신을 좋아해 주기를 바란다면 욕심이 아닐까.

만약 그런 욕심으로 당신이 아는 모든 사람을 만족시키기 위해 스스로를 다그치며 살고 있다면 아마도 당신은 미움받는게 그만큼 두렵기 때문일 것이다. 하지만 그렇게 해도 당신을 싫어하는 사람이 있을 수 있다는 사실을 자연스럽게 받아들여야 한다. 그래야 자신에게 혹독해지지 않을 수 있다. 더 이상 다른 사람들을 만족시키기 위해 살지 마라. 그들은 모두 자신을 위해 산다. 그러니 당신도 당신이 원하는 인생을 살아가라.

모두가 나를 좋아할 수는 없지만, 위의 여자 동기처럼 악랄하게 괴롭히는 사람을 만나면 평정심을 유지하기란 쉽지 않다. 그렇지만 분명한 사실은 그 여자 동기에게는 그녀를 사라지게 만들 힘이 없다는 것이다. 만약 그녀가 뛰어난 성과를 올려 비교할 수 없을 만큼 높은 자리에 오르면 여자 동기는 그제서야 자신이 던진 말을 후회하게 될 것이다. 그러니 그런 여자 동기 같은 사람을 만나게 되더라도 그의 유치한 질투와 시기심에서 비롯된 말에 휘둘리지 말고 무시해 버려라. 누군가 나를 싫어할 수 있다는 사실은 가슴이 아프지만 받아들여야 할 진실이다. 또한 미움받지 않으려고 들이는 시간과 에너지를 내가 정말 좋아하는 사람과 일에 쏟게 해 주는 고마운 진실이기도 하다.

Chapter 7.

정신분석에서 배우는 인간관계의 지혜

그럼에도 우리가 서로를 필요로 하는 이유

아버지

　어릴 적 아버지가 땅을 사신 적이 있는데 사자마자 땅값이 세 배나 올랐다. 그런데 정작 기뻐해야 할 아버지는 근심 어린 표정을 지었다. 계약을 조금만 늦게 했어도 전 주인의 몫일 돈이 우리 것이 되었다며, 전 주인에게 참 미안하다는 것이다. "세상에 공짜가 어디 있겠냐. 남의 눈에 피눈물 나게 할 수는 없지"하며 3일 동안 고민하시던 아버지는 기어코 전 주인을 찾아가 계약을 해지해 달라고 했다. 괜찮다고 하는 전 주인에게 계약을 해지하고 땅을 다시 돌려주고 오신 아버지. 나는 너무 고지식하고 융통성이라고는 요만큼도 없는 아버지를 이해할 수가 없었다. 하지만 아버지는 평생 나에게 "혜남아, 남에게 피해 주지 말고 도움이 되는 사람이 되어라. 그리고 정직하게 살아라"라는 말씀을 하셨다. 아버지가 돌아가신 지도 벌써 10여 년. 요령을 피우고 싶거나 요행을 바라는 순간이 올 때마다 아버지를 떠올리며 마음을 다잡는다. 나는 아버지로부터 세상에 공짜는 없으며 정직하게 살아야 한다는 것을 배웠다.

어머니

여자가 어디 밤 늦게 돌아다니냐며 아버지가 혼낼 때마다 나는 씩씩대며 어머니에게 흉을 보곤 했다. "엄마는 어떻게 저런 사람이랑 사는 거야? 저렇게 고지식한 아버지가 좋아?" 그러면 어머니는 "네가 뭘 안다고" 하면서 그냥 웃고 마셨다. 아마도 어머니는 아버지와 나 사이에서 늘 중재를 하느라 고역이셨을 것이다. 그러나 나는 알고 있었다. 나한테는 아버지한테 그러면 안 된다고 혼을 내면서도, 아버지한테는 늘 "혜남이가 알아서 잘 하는데 그냥 좀 내버려둬요"라며 아버지를 말리셨다는 것을. 생각해 보면 어머니는 내가 뭘 해도 야단치지 않고 나를 믿어 주셨으며, 내가 무슨 얘기를 하든 끝까지 잘 들어 주셨다. 나는 어머니를 통해 슬기롭게 갈등을 헤쳐나가는 법을 배웠고, 잘 듣는 법을 배웠으며, 자식을 믿어 주는 일이 얼마나 중요한지를 배웠다.

남편

나에게 천당과 지옥을 동시에 경험하게 해 준 사람. 남편과 살면서 아무리 내가 노력해도 타인을 바꿀 수 없다는 사실을 절절히 깨달았다. 바꿀 수 있는 것은 나 자신뿐이었다.

아들, 딸

나의 유전자를 물려받았지만 나와 다른 존재들. 나는 아이들을 만나 완벽주의를 내려놓을 수밖에 없었고, 인생 계획도 많이 수정해야 했지만, 그것을 한 번도 후회해 본 적이 없다. 나는 아이들이 내게로 와 줘서 기뻤고, 아이들을 키우면서 행복했고, 적어도 아이들에게 부끄럽지 않은 사람이 되기 위해 살아왔다. 그리고 고맙게도 너무나 부족한 나인데 아이들은 나를 사랑한다고 말해 준다. 그럴 때마다 나는 정말 가슴이 뿌듯하다.

국립정신병원 원장

국립정신병원은 나의 첫 직장이었다. 그런데 원장은 나를 얼마나 싫어했는지, 몇 년 동안 나를 참 많이도 괴롭혔다. 늘 나를 못마땅해했고, 모욕을 주었으며, 싫으면 그만두라는 식의 협박을 일삼았다. 나는 스스로 똑똑한 사람이라고 생각했지만, 내 인사권을 쥐고 흔들며 작정하고 괴롭히는 그 앞에서 너무도 무기력했다. 아마도 원장이 아니었다면 나는 기고만장해서 사고를 쳤을지도 모르겠다. 다행히 그 덕분에 내 한계를 일찍 깨우치게 되었고 겸손해질 수 있었다. 그리고 나를 대놓고 싫어하는 사람을 견디는 법을 배웠고 나를 사랑해 주는 사람들이 얼마나 고마운 존재인지를 깨달을 수 있었다.

동기와 선후배들

내가 첫 책을 냈을 때 동기들의 반응. "책 표지는 예쁘네." "나도 좀 편하게 정신과에 갔으면 책을 썼을 텐데…" 축하한다는 말을 듣고 싶었는데 그런 말을 들으니 섭섭했지만 나도 그런 감정을 느낀 적이 있기에 웃고 넘어갈 수 있었다. 누군가를 진심으로 축하해 준다는 것이 얼마나 어려운 일인지 알고 있었기 때문이다. 하지만 돌이켜 보면 앞서거니 뒤서거니 그들이 내 옆에 있지 않았더라면 나는 어느 순간 성장을 멈추었을지도 모르겠다는 생각이 든다. 실력이 뛰어난 동료들이 쭉쭉 앞으로 나아가는 모습들을 보며 나도 뒤처지지 않기 위해 더 노력할 수 있었다. 그들은 모두 좋은 자극이 되어 주었고, 때로 동병상련의 마음으로 위로를 해 주기도 했다.

환자들

30여 년간 흔들리지 않고 정신분석 전문의로 살아올 수 있었던 건 나를 찾아와 준 환자들 덕분이었다. 환자들은 나한테 치료해 줘서 고맙다고 했지만 정말이지 나는 그들이 있어 내가 하는 일의 재미와 보람을 느낄 수 있었다. 그리고 나를 믿어주는 환자들을 위해 최선을 다하고 싶었다. 나에게 환자들은 가장 좋은 자극제였고 덕분에 나는 끊임없이 공부하며 앞으로 나아갈 수 있었다.

생각해 보면 나는 태어날 때 아무것도 아니었다. 하지만 아버지와 어머니의 사랑을 받으며 자랐고, 친구들을 만나 성장했으며, 사회생활을 하면서 수많은 사람들을 만나 지금의 내가 되었다. 때론 그 과정에서 상처받기도 했고 상처 주기도 했다. 때론 억울했고, 때론 누군가가 미웠고, 때론 화가 났으며, 때론 너무 슬퍼 눈물이 났고, 때론 마음을 다쳐 아무것도 할 수 없었다. 반면 어린애처럼 기뻐서 환호성을 지른 때도 있었고, 가슴이 터질 만큼 감동을 받은 적도 있었다.

그런데 나는 마흔 살까지만 해도 그 모든 과정들을 겪어 낸 내가 자랑스러운 나머지, 내가 잘했기 때문에 지금의 내가 된 것이라고 착각했다. 까짓것 세상 사람들의 도움 없이도 홀로 설 수 있다고 생각했다. 그들이 나를 필요로 하지, 나는 솔직히 그들이 필요하지 않다고 착각한 것이다.

그래서 부끄럽게도 국립정신병원을 퇴사할 때 '내가 없으면

이 병원이 잘 안 돌아갈 텐데 어떡하지' 하는 걱정을 했었다. 나오기 직전까지 레지던트 아홉 명을 가르쳤는데 내가 없이 후배들이 잘 성장할 수 있을까 걱정이 되고 자꾸 미안한 마음이 들었다. 하지만 나중에 생각해 보니 안전한 조직을 떠나 개업을 하려고 했던 그때, 나는 혼자가 된다는 것이 많이 불안했던 것 같다. 그래서 '후배들이 나를 필요로 하는데 내가 떠나면 안 되지 않을까' 하며 자꾸 미적댔던 거였다. 즉 떠나지 않아도 될 핑계를 스스로 만들고 있었던 것이다. 정작 레지던트들은 나 없이도 모두 잘 커 나갈 수 있었는데 말이다.

'누군가가 내 곁에 있어 줬으면 좋겠다'는 내 마음속의 의존성을 맞닥뜨리고 나서 나는 충격을 받았다. 이제껏 스스로 인생을 개척해 왔다고 믿었는데, 왜 이제 와서 사람들이 곁에 있어 주기를 바라는 것인지 이해가 되지 않았다. 그런데 곰곰이 돌이켜 보니 내 곁에는 늘 누군가가 있었다. 단지 늘 그들에게 주기만 하고 받은 게 별로 없다고 생각하니까 그들을 쓸모없다고 여겼던 것이다. 하지만 알고 보니 나는 받은 게 더 많은 사람이었다.

그들은 내가 지칠 때마다 늘 곁에 있어 주었고, 내가 못난이처럼 굴어도 사랑으로 감싸 안아 주었다. 그래서 '저 사람처럼 되고 싶다', '저 사람처럼 행동해야지' 하는 표본이 되어 주었다. 그리고 나에게 상처를 준 사람들도 어찌 보면 고마운 사람들이었다. 그 사람처럼 살기 싫어서, 혹은 그들에게 복수하고 싶은 마음에 나를 채찍질하며 앞으로 나아갈 수 있었기 때문이다. 만약 그들이 아니었다면 나는 어느 순간 '이 정도면 됐지 뭐' 하며 게을러지거나 타협하며 중도에 포기했을지도 모른다.

아버지에게 내가 옳다는 걸 증명하기 위해서 살았던 순간들, 남편을 원망하지만 사랑하는 아이들을 지키기 위해 강해져야만 했던 순간들, 국립정신병원 원장에게 모욕을 당하며 버텼던 시간들…. 결국 나는 누군가의 사랑과 믿음을 먹고 자랐고, 누군가의 질투와 시기 혹은 모욕을 받으며 강해졌다. 그들은 나에게 세상이 위험하다는 것을 알게 해 줬지만, 위험을 감수할 용기가 있다면 세상은 참으로 재미있고 흥미진진하다는 것 또한 알려주었다. 그리고 그 모든 과정은 내가 미처 모르는 나를 발견하는 시간들이었다. "한번 해 볼래?", "한번 먹어 볼래?", "한번 가 볼래?"라는 말들을 해 준 사람들이 있었고, 나는 그들을 믿고 한번 해 보고, 한번 먹어 보고, 한번 가 볼 수 있었다. 그렇게 새로운 경험들을 무수히 쌓아 가면서 내가 무엇을 잘하고 무엇을 못하는 사람인지, 무엇을 좋아하고 무엇을 싫어하는 사람인지를 더 잘 알게 되었다. 결국 60여 년의 세월 동안 만나 온 수많은 사람들과의 관계 속에서 지금의 내가 형성된 것이었다.

파킨슨병이 진행되면서 나의 의존성은 어쩔 수 없이 커져 간다. 마음도 많이 약해졌고, 버티는 것 자체가 힘들게 느껴지 기도 한다. 하지만 나는 또다시 곁에 있는 사람들을 보며 오늘을 버틴다. 작년에 고등학교 친구들과 제주도 여행을 간 적이 있었다. 몸이 갑자기 나빠져서 밥도 못 차리고, 설거지도 못 하고, 숟가락질도 잘 못해서 친구가 떠먹여 주는 걸 받아먹어야 했다. 무용지물인 것 같은 내가 너무 싫었다. 그런데 내 표정이 안 좋은 것을 눈치챈 한 친구가 그렇게 말해 주었다. "혜남아, 너는 그냥 그렇게 있어 주기만 해도 좋아." 내가 뭐라고, 아무 쓸모없는 나도 괜찮다고 말해 주는 친구들 앞에서 나는 엉엉 울고 말았다. 그동안 시시때때로 찾아오는 고통을 참아 내면서 묻어 두었던 힘겨움이 폭발한 것이다. 한참을 울고 나니 속이 시원했다. 아무것도 나아진 것은 없지만 정말로 마음이 편안해졌고 그 어떤 고통이 와도 참아낼 수 있을 것 같은 용기도 얻었다. 그런 친구들이 내 옆에 있는데 못 할 게 뭐가 있겠는가.

사람이 싫어질 때가 있다. 나에게 해 준 것도 없는 그들이 자꾸만 무언가 바랄 때면 화가 나기도 한다. 이기적으로 자기 잇속만 챙기는 사람들을 볼 때는 인간관계 자체가 신물이 나기도 한다. 하지만 그 지긋지긋한 인간관계가 모여 지금의 내가 되었고, 지금의 당신이 되었다. 나는 가족들과 친구들의 염려

덕분에 오늘도 살아갈 힘을 낸다. 당신 곁에도 힘들 때 말없이 어깨를 빌려 주는 사람이 있기를 기대한다. 그런 사람이 있다면 당신도 나처럼 살아갈 힘을 낼 수 있지 않을까. 누군가에게 투정을 좀 부리면 어떤가. 어차피 서로 기대어 살아가는 게 인생이다. 어쩌면 상대방은 당신이 괜찮다고 말하는 대신 투정을 부려 주기를 기다리고 있는지도 모른다. 세상에 누군가로부터 "네가 필요해"라는 말을 듣는 것만큼 기쁜 일은 또 없으니까 말이다.

가끔은 적극적으로 혼자가 되어라

"세상 사람들이 다 사라져도 잘 지낼 수 있다고 생각하는 사람이 있다면 그것은 대단히 잘못된 생각이다. 하물며 자기가 없으면 세상이 돌아가지 않는다고 믿는 사람은 더 큰 잘못이다." 프랑스의 작가 라 로슈푸코의 말이다. 그런데 나는 어리석게도 파킨슨병에 걸리기 전에는 매일 수많은 사람들을 만나는 생활에 지쳐서 제발 무인도에 가서 며칠만이라도 혼자 지내고 싶다며 노래를 불렀다. 그리고 고백하건대, 내가 없으면 세상이 돌아가지 않을 것이라는 착각도 했다. 나 없이는 집이고, 병원이고, 환자들이고, 전부 잘 지내지 못할 거라고 자신했던 것이다.

물론 내 곁을 지켜주는 가족과 친구들에게 고맙다는 생각을 하곤 했다. 하지만 그것도 잠시뿐, 하루하루 살기 바쁜 나는 그들에게 고맙다는 말을 제대로 전한 적이 없었다. 정확하게 말하자면 피상적으로만 고마움을 느꼈을 뿐, 나는 그들이 내 곁에 있는 게 아주 당연하다고 생각했다. 어느 날엔가는 "엄마, 환자들 얘기만 들어 주지 말고 내 얘기도 들어 주면 안 돼?"라는 딸에게 "지금 엄마가 바빠서 그러는데 다음에 얘기하면 안 될까?"라며 짜증을 낸 적도 있었다.

그런데 2014년 초 병의 진행 속도가 빨라져 어쩔 수 없이 병원 문을 닫고 집에 있다 보니 차츰 나를 찾아오거나 연락하는 사람들이 줄어들기 시작했다. 처음엔 너무 아파서 그 사실조차 미처 깨닫지 못했다. 하지만 고통이 잦아들고 정신을 차리고 보니 그렇게나 많던 지인들이 다 사라진 듯 주변은 고요하고 적막했다. 게다가 세상은 나 없이도 멀쩡하게 잘 돌아갔다. 그제야 나는 곁에 있던 사람들을 다시 보게 되었다. 손을 마주잡고 따뜻한 체온을 느끼면서 인사를 나누고, 서로의 눈을 보면서 그동안의 안부를 묻고, 이런저런 얘기를 나누며 서로의 생각을 알게 되는 그 시간들이 얼마나 소중했는지를 뒤늦게 깨달은 것이다.

그러자 과거에 내가 건성으로 대했거나 의례적으로 대했던 사람들에 대한 미안함이 물밀 듯이 밀려왔다. 그중에는 스쳐지나갈 인연들도 있었지만 붙잡았어야 할 소중한 인연들도 있었는데, 바쁘다는 이유로 나는 그것을 놓치고 말았다.

요즘은 누가 날 찾거나 연락을 해 오면 참 고맙다. 가족과 친구들은 물론 전에는 피곤하게만 느꼈던 사람들과의 만남도 즐거워지기 시작했다. "선생님, 잘 지내셨어요?"라고 안부를 묻는 환자의 메일, "언니 오늘 몸은 좀 어때?"라는 동생의 문자, "여보 오늘은 약속이 있어서 좀 늦을 것 같아"라는 남편의 전화, "혜남아, 이번 주말에 집에 놀러 가도 되니?"라는 친구의 문자, "엄마 있잖아"라는 아들의 문자 하나하나가 소중하다. 누군가 나를 기억해 주고 찾아 준다는 사실에서 내가 그동안 헛살지 않았다는 안도감과 내가 그래도 괜찮은 사람이라는 만족감을 느낄 수 있기 때문이다. 그래서 사람들을 만나는 게 무척 즐겁다. 그들과 만나 깔깔대고 웃다 보면 시간 가는 줄 모른다. 수많은 사람들로부터 떨어져 나와 혼자 있어 보지 않았더라면 이런 즐거움을 느낄 수 있었을까.

참을 수 없는 고통이 찾아오면 아파서 꼼짝을 할 수가 없다. 그렇지만 그것을 무사히 견디고 나면 덜 아픈 순간이 찾아온다. 그 순간들이 나에게는 매우 소중하다. 이제 나는 밤늦게야 돌아오는 남편과 회사에서 한참 경력을 쌓느라 정신이 없는 아들을 즐겁게 기다린다. 물론 나는 그들을 기다리며 내 할 일을 한다. 약을 먹고, 맛있는 음식도 먹고, 영화도 보고, 꽃도 가꾸고, 커피도 직접 내려 마시고, 스마트폰 그림도 그리고, 남편을 따라 지방에 내려가 있는 딸과 통화도 자주 한다. 몸 상태가 더 괜찮을 때는 고등학교 친구들을 집으로 초대해 놀거나 여행을 간다. 지난번 친구들과 제주도 여행을 갔을 때는 함께 발가벗고 자쿠지에서 신나게 수다를 떨었다. 목욕을 끝낸 후에는 우아한 음악을 틀어놓고 기분 내키는 대로 춤까지 추었다. 재미있는 것은 혼자 있는 시간을 즐기기 시작하니까 누군가와 함께하는 시간도 더 행복해졌다는 사실이다.

파킨슨병 때문에 생각지도 않게 의사 일을 그만두어야 했지만, 나는 그로 인해 얻은 혼자만의 시간 속에서 사람을 얻었다. 내 곁에 있는 사람들의 소중함과 고마움을 비로소 깨닫고 그들과 함께하는 시간을 더 많이 갖기 시작한 것이다. 그래서 혼자 있는 시간은 중요하다. 우리는 종종 타인의 소중함을 잊고 살아간다. 그런데 사람들로부터 떨어져 나와 혼자 있으면 신기하게도 사람이 그리워진다. 지긋지긋한 엄마의 잔소리가 그립고, 별것 아닌 일로도 다신 안 볼 듯이 싸우던 동생이 그립고, 연락이 뜸했던 친구가 갑자기 보고 싶어지기도 한다. 사람들한테 치이다 보면 혼자 있을 때 절대로 사람 생각은 안 할 것 같지만, 막상 혼자 있으면 그냥 불현듯 떠오르는 사람들이 있고 그들과의 만남을 돌이켜 보게 된다. 지금껏 정신없이 경험한 것들을 차분히 정리하고 통합하는 과정을 거치면서 자신과 그 사람의 관계에 대해 생각해 보게 되는 것이다.

내가 아는 어떤 사람은 한 달 동안 뉴욕에서 연수를 받았는데, 막상 떠나 오니 아무 재미가 없더란다. 분명 비행기를 타기 전까지도 아내와 싸웠는데, 떠나고 보니 아내가 보고 싶고, 밤새 잠 못 자게 만드는 아이가 보고 싶어 견딜 수가 없었다고 했다.

그러니 사람 때문에 다치고 힘든 날들이 반복된다면, 세상에서 제일 무서운 건 사람이라는 생각이 들 정도로 상처를 입었다면, 그래서 많이 지쳤다면 잠시 혼자 있어 보라. 그 시간에 무엇을 하든 괜찮다. 자고 싶으면 자고, 놀고 싶으면 놀고, 먹고 싶으면 먹으면서 시간을 보내 보라.

그 생각 끝에 만약 어떤 사람이 떠오르거든 그냥 그 생각이 흐르게 두어라. 유치한 생각을 해도 되고, 원망을 해도 되고, 속이 시원해질 때까지 욕을 해도 된다. 미리 결론 내리지 말고 그렇게 혼자만의 시간을 가지면서 떠오르는 감정을 자연스럽게 흘려보내라. 그런 당신에게 나는 이문재 시인의 '농담'을 들려주고 싶다.

문득 아름다운 것과 마주쳤을 때
지금 곁에 있으면 얼마나 좋을까, 하고
떠오르는 얼굴이 있다면 그대는
사랑하고 있는 것이다

그윽한 풍경이나
제대로 맛을 낸 음식 앞에서
아무도 생각하지 않는 사람
그 사람은 정말 강하거나
아니면 진짜 외로운 사람이다

종소리를 더 멀리 보내기 위하여
종은 더 아파야 한다

내가 묘비명을 남기고 싶지 않은 까닭

내가 처음 죽음을 접한 것은 지금으로부터 42년 전, 열여덟 살이 되던 해였다. 바로 위의 둘째 언니가 불의의 교통사고로 세상을 떠났고, 나는 오랫동안 그 충격에서 헤어나지 못해 많이 방황해야만 했다. 그런데 세월은 모든 것을 덮어 희미하게 만들고 앞으로 나아간다. 이제 언니에 대해서 말하는 사람은 거의 없다. 아니 언니가 이 세상에 존재했었다는 것을 기억하는 사람도 별로 없다. 언니의 죽음은 내 인생을 통째로 흔들었는데 언니의 죽음도, 그때 느꼈던 감당할 수 없는 슬픔도 이제는 오래된 흑백영화처럼 기억의 창고에 먼지가 쌓인 채로 보관되어 있을 뿐이다.

내 기억 속의 언니는 늘 인생에 대해 고민하는 사춘기 소녀

였고, 이 세상에 꼭 필요한 사람이 되자고 나와 약속했던 당당하고 꿈 많은 소녀였다. 그런데 나는 그로부터 40여 년을 혼자 걸어와 할머니가 되어 기억의 책장을 넘기고 있다. 아마도 나마저 죽으면 언니를 기억하는 사람들도, 언니가 존재했었다는 사실도 사라질 것이다. 나 또한 예외는 아닐 것이다. 나라는 존재는 나를 기억하는 사람들의 생애만큼만 기억되고, 그들과 함께했던 시간의 무게만큼만 존재할 것이다. 그 후엔 나 또한 자취도 없이 사라질 것이다.

그러나 그게 무슨 문제가 되겠는가? 역사란 시간의 흐름 속에 무수한 형태의 삶이 있었고 그들의 삶을 대변해 주는 무수한 묘비명이 있을 텐데 굳이 나까지 보태고 싶지 않다. 어차피 나중에는 묘비가 처리 곤란한 쓰레기밖에 더 되겠는가. 그렇다고 해서 인생이 허무하다거나 사는 것이 의미 없다고 생각하지는 않는다. 오히려 그렇기 때문에 지금 내가 맺고 있는 관계의 무게가 바로 삶의 무게를 재는 척도가 된다는 말을 하고 싶은 것이다.

우리가 죽으면서 가지고 가는 것은 기억뿐이다. 삶의 마지막에는 결국 영광도 돈도 명예도 아닌 그동안 소중한 사람들과 쌓아 온 기억만이 주마등처럼 스쳐 지나갈 것이다. 그동안 잘 살았는지, 잘못 살았는지 말해 주는 것도 우리가 간직한 기억의 합일뿐이다. 그렇다면 이 시간에도 지금 내 모습은 나를 아는 이들의 마음속에 기록되고 있고, 훗날 그들이 나를 기억할 때 떠오르는 모습이 곧 내가 될 것이다. 굳이 묘비명을 따로 남기지 않아도 나는 지금 내가 아는 사람들에게 묘비명을 새기며 살고 있는 것이다. 그러니 묘비명을 남겨야 할 이유가 없을 수밖에 없다. 대신 나를 기억하는 마지막 사람이 숨을 거둔 순간 비로소 이 생에서의 나의 삶 또한 완전히 마감하게 될 것이다.

미국 오하이오 주 신시내티에 사는 예쁘고 사랑스러운 여섯 살 소녀 엘레나. 가장 큰 소망은 엄마가 되는 것이고, 두 번째 소망은 선생님이 되는 것이며, 그림 그리기와 도서관 가기를 무척이나 좋아했던 엘레나는 생일을 며칠 앞둔 2006년 11월에 소아 뇌종양 판정을 받는다. 엘레나에게 이제 남은 시간은 고작 200여 일뿐. 부모인 데저리크 부부는 깊은 슬픔에 잠겼지만 엘레나는 아픈 와중에도 늘 씩씩했다.

결국 엘레나가 하늘로 떠나고 슬픔에 잠겨 있던 데저리크 부부는 어느 날 놀라운 쪽지를 발견한다. 엘레나가 하늘로 떠나기 직전까지 9개월 동안 아무도 몰래 가방과 서랍장, 책장, 찻장, 앨범 등 집안 곳곳에 수백 장의 쪽지를 숨겨 둔 것이다. 자신이 떠난 뒤에 가족들이 찾을 수 있도록 말이다. "엄마 아빠 사랑해요", "그레이스, 미소 지어! 선생님 말씀 잘 들어", 그리고 마지막 힘을 쥐어짠 듯 삐뚤빼뚤한 글씨체로 남긴 말 "아파서 미안해요".

데저리크 부부는 어린 엘레나에게 차마 죽음이 기다린다는 말을 하지 못했다. 하지만 암의 진행으로 목소리를 잃고 오른손도 잘 움직이지 못하게 된 엘레나는 자신의 죽음이 가까이 온 것을 알고 남겨진 가족들이 슬퍼할 것을 걱정하며 그들에게 꼭 해 주고 싶었던 이야기들을 그렇게 남긴 것이다.

아픈 와중에도 남겨질 가족들을 생각하며, 그들에게 사랑의 쪽지 선물을 전하고 떠난 여섯 살 꼬마 엘레나. 사랑하는 가족들과 친구들에게 나는 어떤 기억으로 남을까? 화가이자 시인인 마리 로랑생은 그녀의 시 '불쌍한 여인'에서 죽은 여자보다도 더 불쌍한 여인은 잊힌 여인이라고 말했다. 이는 아마도 살아 있으면서 잊힌 여인을 말하는 것이리라. 아무도 기억하지 못하는 사람은 그 누구에게도 중요하지 않은 사람이고, 그 누구와도 의미 있는 관계를 맺지 못하고 있는 사람일 테니 말이다. 그래서 나는 지금 이 순간 어떻게 살아갈 것인지를 치열하게 고민한다. 내가 살아가는 모습들 하나하나가 내가 사랑하는 사람들의 기억 속에 새겨져 내가 될 것이기 때문이다. 그리고 그들의 기억 속에 내가 괜찮은 사람으로 남아 있기를 희망하며, 그래도 함께해서 좋았다는 이야기를 듣고 싶기 때문이다.

당신과 나 사이

초판 1쇄 2018년 1월 30일
초판 29쇄 2023년 6월 26일

지은이 | 김혜남
발행인 | 강수진
편집장 | 유소연
마케팅 | 곽수진
디자인 | design co*kkiri

주소 | (04075) 서울시 마포구 독막로 92 공감빌딩 6층
전화 | 마케팅 02-332-4804 편집 02-332-4808
팩스 | 02-332-4807
이메일 | mavenbook@naver.com
홈페이지 | www.mavenbook.co.kr
발행처 | 메이븐
출판등록 | 2017년 2월 1일 제2017-000064

ⓒ 김혜남, 2018(저작권자와 맺은 특약에 따라 검인을 생략합니다)
ISBN 979-11-960676-3-2 03180

이 도서의 국립중앙도서관 출판예정도서목록(CIP)은 서지정보유통지원시스템 홈페이지
(http://seoji.nl.go.kr)와 국가자료공동목록시스템(http://www.nl.go.kr/kolisnet)에서 이용
하실 수 있습니다.(CIP제어번호: CIP2018001070)